ABC DO SEXO

O LADO DELES

Título original:
Maxi Sexe

© Marabout, 2002

Tradução: Pedro Miranda / VERBIS IBERIA

Revisão da Tradução: Marcelina Amaral

Capa de José Manuel Reis

Depósito Legal nº 228060/05

ISBN: 972-44-1253-9

Impressão, paginação e acabamento:
PAPELMUNDE
para
EDIÇÕES 70, LDA.
Junho de 2005

Direitos reservados para língua portuguesa
por Edições 70

EDIÇÕES 70, Lda.
Rua Luciano Cordeiro, 123 – 2º Esqº - 1069-157 Lisboa / Portugal
Telefs.: 213190240 – Fax: 213190249
e-mail: edi.70@mail.telepac.pt

www.edicoes70.pt

Esta obra está protegida pela lei. Não pode ser reproduzida,
no todo ou em parte, qualquer que seja o modo utilizado,
incluindo fotocópia e xerocópia, sem prévia autorização do Editor.
Qualquer transgressão à lei dos Direitos de Autor será passível
de procedimento judicial.

ANTOINE TAYLOR

ABC DO SEXO

O LADO DELES

edições 70

ÍNDICE

A

Aborto
Acessórios
A cavalo
Afrodisíaco
Ambiente (dos seus encontros)
Ânus
"Apagas a luz, querida?"
Armadilha da serpente
A vários
Axilas

B

Bissexualidade
Blenorragia
Boca
Bolas
Bolas de geisha
Bondage

C

Cabelos
Circuncisão
Clamídia
Clítoris
Cock ring
Colheres
Comer
Comprimento (do sexo, claro)
Contracepção
Costas
Cunnilingus

D

Doenças sexualmente transmissíveis
DST

E

Ejaculação
Ejaculação precoce
Elevador
Erecção
Erógenas (Zonas)
Escova de dentes eléctrica
Escroto
Espanador
Esperma
Esquentamento
Excisão
Exibicionismo

F

Fazer de conta
Fantasias
Fellatio
Feromonas
Fetichismo
Filmes pornográficos
Freio
Frequência das relações sexuais
Frigidez

G

Galga
Gay
Gay pride
Glande
Godemiché
Grávida (com uma mulher)?

H

Hepatite B
Herpes
Heterossexualidade

Hímen
Homossexualidade

I

Idade (das primeiras relações sexuais)
Impotência
Incesto
Inibição do desejo sexual
Interior das coxas
IVG

K

Kama Sutra

L

Lábios
Lesbianismo
Liana

Libido
Lingerie

M

Mamilos
Masoquismo
Masturbação
Masturbação a dois
Missionário
Missionário invertido
Molas de roupa

N

"Não, querida, esta noite não!"
Ninfomania

O

Onde?
Orelhas
Órgãos genitais da mulher
Órgãos genitais do homem
Orgasmo
Orgasmo (Ausência de)

P

Palavrões
Papilomas
Pedofilia
Períneo
Pescoço
Pingadeira
Piolhos genitais (chatos)
Ponto G
Poluções nocturnas
Posições
Preliminares
Prepúcio
Primeira vez
Preservativo
Priapismo
Problemas com as erecções

Q

Quando?
Quanto tempo?

R

Rolo da massa
Ruídos estranhos

S

Sadismo
Sadomasoquismo
Sair do armário
Seios
"Sem tirar"
Seminal (líquido)
Sentados
Sessenta e Nove
Sexo Seguro
SIDA
Sífilis
SM
Sodomia

T

Testículos
Testosterona
Toalha quente
Transsexual
Travesti
Triolismo
Troca de casais
Turismo sexual

U

Umbigo

V

Vagina
Vagina dentata
Vaginal ou clitoridiana?
Verga
Verrugas genitais
Vibrador
Violação
Virgindade (perder a)
Voyeurismo
Vulva

A de

Aborto ▪ Acessórios ▪
A cavalo ▪ Afrodisíaco ▪
Ambiente (dos seus encontros) ▪
Ânus ▪ "Apagas a luz, querida?" ▪
Armadilha da serpente ▪ A vários ▪
Axilas

O lado deles

Aborto

É a interrupção voluntária de uma gravidez não desejada. Em Portugal, o aborto não está legalizado.

Em vez de aborto, cada vez se usa mais a sigla mais neutra IVG, que significa Interrupção Voluntária da Gravidez.

■ *Ver também* IVG na parte "delas" deste livro.

Acessórios

Acha que entre vós é sempre tudo um pouco igual, ao nível sexual? Rotineiro? Sempre as mesmas posições, os movimentos mecânicos, repetitivos, falta de imaginação...

É perfeitamente normal: nesse domínio, tal como em todos os outros, instala-se um certo hábito ao fim de algum tempo. Damos menos mimos, fazemos amor menos vezes, ou cada vez mais depressa...

A

Alerta! A rotina provoca muitas vezes o aborrecimento e no casal, quando nos aborrecemos... É altura de reagir! Existe um monte de pequenas coisas para dinamizar um casal, estimular a imaginação e a libido, suscitar novos desejos. Nesta área, os pequenos acessórios podem dar uma ajuda preciosa. Porque não usá-los?

Discutam os dois o assunto antes, claro. Evite tirar de repente da gaveta da mesa-de-cabeceira um godemiché, um vibrador ou molas de roupa... O resultado seria certamente desastroso, e em vez do serão tórrido que já estava a imaginar, terá mais hipóteses de passar a noite no sofá...

Mas se estiverem os dois de acordo, tentem: é uma forma de trazer vigor à vossa vida sexual, de acrescentar picante, novidade... Vão ver como os fabricantes rivalizam em engenho para vos conduzir ao sétimo céu. Portanto, deixem-se levar! E franqueiem os dois a entrada de uma sex-shop. Não receiem pedir informações, o vendedor terá o maior prazer em vos falar do seu pequeno bazar.

As precauções a ter

Familiarize-se com os seus novos parceiros para descobrir a amplitude das possibilidades que eles permitem.

Coisa essencial: a higiene. Estes pequenos instrumentos devem ser cuidadosamente limpos antes e depois de usar; é um pouco como a toilette íntima dos brinquedos! Se usar godemichés ou vibradores em jogos sexuais com vários parceiros, nunca deixe de mudar o preservativo para cada nova penetração ou em cada mudança de parceiro.

■ *Ver também* Bolas de geisha, Escova de dentes eléctrica, *Cock ring*, Godemiché, Molas de roupa, Espanador, Rolo da massa, Toalha quente, Vibrador.

A cavalo

Uma posição relaxada, mas não tão antiquada como isso...

Na sela

Está deitado de costas e a sua parceira encavalita-se sobre o seu pénis, com as coxas e as pernas ao longo do seu torso. É ela que se vem "instalar", ao seu próprio ritmo, no seu sexo. A vantagem para ela? Se receia magoar-se no momento da penetração, esta posição permite-lhe regular por si própria a profundidade da penetração e o seu ritmo: pode fazer-se pouco a pouco, suavemente, sem golpes secos.

Vantagens

Esta posição é tranquilizadora para muitas mulheres, dado que lhes dá um bom controlo sobre o que se passa entre vós. Todos aqueles que já ouviram um dia a parceira dizer-lhes: "Pára um bocadinho" ou "Não tão depressa" ou "Não com tanta força, espera um pouco", compreenderão o que quero dizer...

É uma posição muito repousante para o homem, que se encontra deitado de costas, confortavelmente instalado (enquanto a sua parceira "tem o trabalho todo"!): ela permite "aguentar" mais tempo – embora necessite de uma boa erecção ao início.

Se for um bom amante, ou seja, um rapaz atento aos desejos e preferências da sua parceira, irá reparar no ritmo que ela imprime, se prefere uma penetração progressiva ou por golpes, a cadência do seu vai e vem... Tente lembrar-se disto quando mudarem de posição!

Última vantagem, que não é a menor: a posição a cavalo dá-lhe uma vista única sobre os seios dela!

Outras posições?

■ *Ver* Elevador, Sentados, Colheres, *Cunnilingus*, *Fellatio*, Kama Sutra, Galga, Liana, Masturbação a dois, Missionário, Missionário invertido, Armadilha da serpente, Sessenta e nove.

Afrodisíaco

A palavra deriva de Afrodite, a deusa do amor físico para os Gregos da Antiguidade, e designa os produtos capazes de aumentar a excitação sexual e assegurar uma erecção memorável.

Insectos diversos, plantas, corno de rinoceronte, bigodes de tigre... Ao longo dos séculos, muitas foram as substâncias animais ou vegetais qualificadas como afrodisíacos, mas muito poucas delas têm um efeito real. A maioria destes pós ou xaropes apenas tornam mais felizes aqueles que os vendem a peso de ouro a pessoas demasiado crédulas...

Atenção: uma substância que custa muito caro pode muito bem ter um efeito psicológico – a este preço, tem de funcionar! – mas certos componentes, se tomados em quantidade excessiva, podem causar complicações muito graves. Erecções dolorosas e demasiado longas, inchaços, complicações vasculares, taquicardia: estes produtos não produzem sempre os resultados desejados e devem ser usados com muita precaução. A imaginação e a cumplicidade são bem mais eficazes... e menos perigosas.

O lado deles

Ambiente (dos seus encontros)

Fazer amor em boas condições exige que se tomem algumas precauções.

Claro que existem as escapadelas furtivas, no exterior ou no escritório, nas quais o medo de ser surpreendido tem grande peso. A menos que o encontro seja verdadeiramente tórrido e que não haja absolutamente nenhuma hipótese de estar com a parceira loucamente excitante noutro lugar, vale a pena ir com calma e tornar uma relação sexual – mesmo se for evidente que se trata apenas de ter prazer um com o outro – num momento de doçura e de relaxamento.

O ambiente dos seus encontros tem grande importância, por várias razões. Desde logo, pela questão básica da higiene. Mesmo se o odor da pele e dos cabelos tem grande poder erótico, mesmo se todos nós emitimos sinais olfactivos discretos mas eficazes ao aproximar de um momento erótico, é muito mais agradável e excitante lidar com um corpo bem limpo. Um encontro nocturno significa automaticamente um dia inteiro passado com a mesma roupa interior, os mesmos sapatos, em que andámos, ou até corremos e transpirámos certamente... Os jogos do amor são também os jogos da língua e da exploração das partes mais secretas do corpo; seria uma pena desmotivar logo de início a parceira – quem sabe, a sua próxima grande história de amor! – por causa de uma higiene pouco cuidada. Portanto: direcção casa de banho, antes – e depois. Não logo de seguida, claro: não há nada pior para estragar o ambiente do que levantar-se de um salto para ir fazer a toilette íntima. Há que (também) ter sensibilidade para essas coisas...

Organize-se

Luz suave, velas aromáticas, porque não? Mas atenção, não abuse, evite o aspecto "emboscada sexual" que se arrisca a provocar o efeito inverso daquele que pretende. Os espelhos gigantes e as gravuras indecentes fazem parte dos acessórios de gosto duvidoso; é inútil reconstituir em sua casa um bordel do século XIX!

Em vez disso, pense em ter numa caixa ou num estojo perto da cama – ou debaixo da cama, enfim, à mão – aquilo de que se calhar vai precisar: caixa de preservativos, tubo de lubrificante íntimo (não gorduroso, por causa da borracha... e das manchas nos lençóis), lenços de papel, óleos de massagem se estiver para aí virado, e porque não alguns acessórios eróticos, como um godemiché ou um *cock ring*. Brinquedos que só deverão sair do esconderijo no momento certo, e depois de terem falado os dois disso: o efeito surpresa pode ser desastroso, se brandir sem aviso um grosso vibrador ou umas algemas...

Ânus

Talvez nunca tivesse imaginado que o ânus é uma das partes do corpo com mais terminações nervosas erógenas... Trata-se portanto de uma zona a não esquecer, apesar de todos os tabus que a rodeiam.

A

Porque não?

Se uma noite sentir que a sua parceira está particularmente descontraída e receptiva, acaricie ligeiramente as suas nádegas e aproxime-se suavemente do seu ânus com pequenas carícias circulares. Ela não diz nada? Ela não contrai as nádegas para o dissuadir de ir mais longe? Então continue, massaje suavemente o seu ânus em círculos, e sentirá certamente em breve o esfíncter – o músculo anelar que fecha o ânus quando se contrai – a relaxar-se progressivamente...

Na próxima vez – ou então mesmo nesta, porque não! –, quando as suas carícias tiverem descontraído o esfíncter, tente introduzir um dedo no seu ânus, mantendo-se muito atento às suas reacções. Claro que é indispensável que estejam os dois perfeitamente limpos... e que tenha as unhas cortadas bem curtas, para evitar arranhar esta zona onde a pele é especialmente fina. Se ela se contrair ou se afastar a sua mão, pare imediatamente: tentarão outra vez mais tarde. Mas se ela parecer apreciar, tanto melhor: acaba de lhe fazer descobrir uma nova zona de prazer. Ela não deixará certamente de lhe retribuir a gentileza!

E também

As carícias com a ponta dos dedos podem ser substituídas com vantagem por pequenos golpes de língua; a ponta da sua língua proporcionar-lhe--á prazeres inéditos. Excitação máxima garantida para os dois!

Mais longe

O ânus é um sítio do corpo realmente particular, que nem sempre é reconhecido como uma zona repleta de sensualidade. Isto porque está naturalmente ligado ao velho tabu dos dejectos, da sujidade. Lembre-se de como uma etapa importante da vida de uma criança é o momento em que começa a gerir os seus dejectos, ou seja, a pedir o bacio em vez de fazer tudo na fralda. E pense nos prodígios de imaginação dos publicitários quando falam de papel higiénico... sem nunca dizer para que é que ele serve!

Mas estes tabus não o deverão impedir de ir mais longe, de conhecer melhor uma zona sensível que promete tanto prazer!

Ir mais longe é a sodomia, evidentemente (ver esta expressão). Um comportamento sexual que não é necessariamente muito bem visto; a maioria das raparigas mostra-se reticente. As razões são numerosas: elas têm medo de ser magoadas; acham que a posição de gatas pode ser degradante; consideram muitas vezes que a sodomia tem um lado "filme porno" e receiam passar por raparigas fáceis – ou profissionais... –, se aceitarem; finalmente, prefeririam que os rapazes lhes dessem prazer nas zonas erógenas "clássicas", antes de explorar outras partes do corpo. Objecções que suscitam meditação, sobretudo a última...

A sodomia é no entanto uma fantasia recorrente dos rapazes, e mais ainda naqueles habituados a ver filmes para adultos. Mas nada impede que falem disso e, pouco a pouco, com confiança e cumplicidade a ajudarem...

Outras zonas erógenas?

■ *Ver também* Axilas, Boca, Cabelos, Pescoço, Costas, Interior das coxas, Umbigo, Orelhas, Períneo, Ponto G, Mamilos.

"Apagas a luz, querida?"

Em plena claridade ou a meia-luz? Eis um ponto de desacordo frequente entre os homens e as mulheres.

Pergunte a pessoas suas conhecidas: a maior parte dos homens prefere fazer amor às claras, enquanto que dois terços das mulheres pendem fortemente para as luzes muito reduzidas ou para a obscuridade. Dois comportamentos aparentemente difíceis de conciliar: há que negociar, transigir, conceder...

Explicação

Porquê esta diferença? Simplesmente porque o homem tem muito mais necessidade de imagens do que a mulher. É certamente essa a razão do sucesso dos filmes pornográficos e das revistas eróticas, cuja clientela é essencialmente masculina. Um homem precisa de ver tudo para se excitar; uma mulher prefere em geral activar na penumbra os seus inúmeros captores sensoriais e pôr a funcionar o seu imaginário.

Claro que estamos a falar de generalidades e todos conhecemos excepções a estas regras. Tudo é uma questão de dosagem: entre a obscuridade total e uma iluminação brutal, entre o que se vê e o que se adivinha...

Armadilha da serpente

Uma posição a recomendar quando a noite promete ser longa e quente. Você senta-se no chão e ela vem sentar-se sobre o seu sexo, de frente para si. De seguida, deixem-se cair os dois para trás, apoiando-se nos vossos cotovelos ou sobre as mãos. Mantenham a posição sem se mexerem, concentrando-vos nas vossas sensações.

O lado deles

Outras posições?

■ *Ver também A* cavalo, Sentados, Elevador, Colheres, *Fellatio*, Kama Sutra, Liana, Masturbação, Missionário, Missionário invertido, Sessenta e nove.

A vários

Fazer amor a três, ou a mais, é seguramente a fantasia mais comum. Muitos homens acham excitante – pelo menos na sua imaginação! – ver a sua parceira sexual a fazer amor com outro homem. Bastantes mulheres confessam também curiosidade pela ideia de ver o seu amante como ainda não viram...

Ver o outro a fazer amor com um parceiro diferente, sentir-se observado enquanto faz amor com uma pessoa que não se conhece ou mal se conhece, com quem em qualquer caso apenas tem uma relação física: isto pode realmente constituir uma perspectiva muito excitante, próxima do exibicionismo e do voyeurismo. Mas atenção! Tome o máximo de precauções quando decidir avançar.

Os dois parceiros devem evidentemente ter a mesma vontade de o fazer. É portanto necessário falar disso longamente antes de passarem à acção e depois fazê-lo com todo o conhecimento de causa (o facto de falarem abertamente de sexualidade já é um sinal de boa saúde num casal).

Nenhum dos dois parceiros deve ceder ao outro para "lhe fazer a vontade". Deve tratar-se para ambos de um simples jogo erótico, de uma recreação do casal; senão, mais vale não pensar nisso. Não deve haver o mínimo vestígio de hesitação, ninguém deve ter a sensação de estar a ser forçado. Pode ser catastrófico para o casal que um dos parceiros veja o outro a ter prazer com outras pessoas. Não é fácil sacrificar a intimidade do casal!

Duas possibilidades

Podem passar ao acto em duas circunstâncias diferentes: decidindo ir juntos a um clube de troca de parceiros, ou desinibindo-se, ao cabo de uma noite bem regada, em casa de amigos, com pessoas que conhecem há anos… ou não.

O primeiro caso é o mais fácil. Em todas as grandes cidades (e nalgumas médias) se podem encontrar clubes de troca de parceiros mais ou menos discretos e sérios; fiem-se no vosso instinto e no aspecto exterior do estabelecimento. Mas antes de entrar, perguntem-se se o momento mais erótico da história não será mesmo quando se preparam para ir pela primeira vez a um clube…

O caso da festa que "degenera" é mais difícil de gerir. O mais importante é manter-se sempre no mesmo comprimento de onda da sua companheira. E se achar que ela vai longe demais, se não estiver de acordo, chame-a à razão. Mais vale que ela se queixe de que lhe "estragou a festa" do que passar a ficar pouco à vontade com ela e com os amigos dessa noite, sempre que se lembrar do que aconteceu.

Inversamente, se for você a avançar e não ela, observe as suas reacções e saiba parar a tempo. Se calhar ela é mais sentimental, mais possessiva, mais apaixonada do que pensava: voltem depressa para casa para festejar isso... os dois juntos!

Precauções

Deve tomar, claro, todas as precauções do costume. Para si, esta aventura com outro casal é uma estreia, mas se calhar está a lidar com pessoas habituadas a isso ou mesmo a orgias. Mesmo que se sinta confiante, mesmo que a presença da sua parceira o tranquilize, nunca esqueça que se trata de uma primeira vez, que acabam de se encontrar à volta de um copo. Portanto, na ementa devem estar, como sempre: preservativos e prudência. É a única forma de se divertir com o espírito tranquilo.

A saber

Para conselhos sobre protecção em função das diversas práticas sexuais, pode tentar obter informações através dos telefones 800 222 002 (*Sexualidade em Linha*) or 808 206 206 (*SOS Dificuldades Sexuais*).

■ *Ver também* Troca de casais, Triolismo.

Outras fantasias?

■ *Ver também Bondage*, Exibicionismo, Fetichismo, Lingerie, Sadomasoquismo, Sodomia, Voyeurismo.

Axilas

Trata-se de uma parte do corpo onde a pele é particularmente fina e suave, muito sensível às cócegas, às carícias e a pequenas lambidelas: uma zona a descobrir quanto antes!

É preferível que depois do duche ela não tenha posto desodorizante: esses produtos não sabem nada bem – não foram feitos para isso! – e deixam na língua um gosto áspero ou amargo bastante desagradável...

E quanto a si, antes de ir ter com ela, nada de dar uma de macho diante do espelho da casa de banho: evite encharcar-se de desodorizante ou de água de toilette, como nos anúncios da televisão... Pele natural para os dois!

Seja receptivo ao aroma suave que o corpo segrega neste local. Se axilas malcheirosas são um verdadeiro inibidor do desejo, o perfume ligeiro de uma transpiração fresca pode ser um poderoso afrodisíaco...

Imparável

Uma série de pequenos beijos, no âmago das axilas: uma mistura de doçura e de arrepios no limite das cócegas, um preliminar irresistível.

A saber

O odor ligeiro das axilas contém feromonas, hormonas que se difundem pelo ar e são fortes apelos sexuais – mesmo se estes não são percebidos conscientemente. Os casais de borboletas formam-se graças às feromonas que emitem. Poético, não? E é exactamente igual para os humanos, se substituirmos os prados cheios de flores por uma discoteca, por exemplo: quando nos saracoteamos na pista de dança, transpiramos, libertando feromonas que espalham pelo ar sobreaquecido, apelos eróticos poderosos – se não houver nas paragens um perfume demasiado forte que os abafe! As feromonas apenas cumprem a sua missão a uma distância muito curta, da ordem das dezenas de centímetros, e para agir necessitam de várias dezenas de minutos ou mesmo algumas horas.

Outras zonas erógenas?

■ *Ver também* Ânus, Boca, Cabelos, Pescoço, Costas, Interior das coxas, Umbigo, Orelhas, Períneo, Ponto G, Mamilos.

B de

Bissexualidade ▪ Blenorragia ▪ Boca ▪ Bolas ▪ Bolas de geisha ▪ *Bondage*

O lado deles

Bissexualidade

A bissexualidade, para um homem, consiste em ter tanto prazer em fazer amor com outro homem como com uma mulher.

Assumir diferentes tipos de pulsões sexuais é uma forma de variar os prazeres, mas pode complicar bastante a vida afectiva…

Blenorragia

A blenorragia é uma DST (doença sexualmente transmitida) que se pode apanhar por via sexual e nos casos de relação bucogenital (*fellatio* ou *cunnilingus*) ou anal (sodomia), com um parceiro infectado.

A blenorragia é mais conhecida sob o nome significativo de "esquentamento": ela manifesta-se pelo corrimento, através das vias urinárias, de um líquido purulento e espesso, por vezes de cor amarelada ou esverdeada, que causa uma queimadura aguda quando passa pela uretra.

Estes sintomas pouco agradáveis, que aparecem entre três e cinco dias depois da infecção, têm ao menos a vantagem de identificar claramente esta doença... pelo menos para os homens, dado que a experiência mostra que a blenorragia não é notada a maior parte das vezes pelas mulheres.

Esta afecção é fácil de tratar com antibióticos. Claro que é preciso seguir o tratamento a dois, mesmo que um dos parceiros ainda não apresente nenhum sinal exterior da doença.

A saber

Espermatorreia e gonorreia. Não, não são duas heroínas da mitologia grega, mas sim outros dois nomes por que é conhecida a blenorragia. Se o seu médico lhe anunciar após um exame que apresenta todos os sintomas de uma espermatorreia ou de uma gonorreia, não entre em pânico (mas também não há razão para embandeirar em arco!): trata-se de um vulgar esquentamento.

O lado deles

Outras DST (doenças sexualmente transmissíveis)?

■ *Ver também* Clamídia, Hepatite B, Herpes, Piolhos genitais, Verrugas genitais, Sida, Sífilis.

Boca

Pois sim, a boca! É mesmo a zona erógena número 1, dado que os lábios e toda a cavidade bucal estão cobertos de uma rede nervosa extremamente sensível. Daí seguramente o prazer que todos temos em nos beijarmos gulosamente. Mas não existem apenas razões puramente fisiológicas para a importância sensual e erótica da boca. Ela é também o primeiro meio que o recém-nascido tem de conhecer o mundo: desde logo o seio da mãe, depois os diferentes alimentos, e por fim... os beijos.

Outras zonas erógenas?

■ *Ver também* Axilas, Ânus, Cabelos, Pescoço, Costas, Interior das coxas, Umbigo, Orelhas, Períneo, Ponto G, Mamilos.

Bolas

Outra designação para o escroto. As Bolas são um pequeno saco de pele, situado na base do sexo, que guarda, não dobrões de ouro, mas objectos bem mais preciosos... É verdade que por vezes os testículos são chamados "jóias da família"!

Bolas de geisha

Um acessório exótico que deveria ser mais conhecido. Trata-se, como o nome indica, de uma invenção japonesa – datada do século XVI – e que consiste numa fila de bolas de diferentes diâmetros enfiadas num fio, tal como as pérolas de um colar. As prostitutas jovens introduziam-nas na sua vagina para a muscular através de séries de contracções.

As bolas de geisha permitem de facto muscular a vagina, mas trata-se também e sobretudo de um pequeno brinquedo maroto que certas mulheres, aparentemente, usam mesmo em público: elas sentem o prazer, escondido de todos – mesmo no meio de uma reunião de trabalho ou enquanto fazem compras –, de uma carícia contínua e secreta da sua vagina...

Uma variante das bolas de geisha, muitas vezes chamada "pérolas orientais", consiste em inserir muito suavemente no ânus previamente lubrificado da sua parceira algumas pérolas – com um diâmetro razoável – de um "colar" especialmente concebido para o efeito. Em seguida, retiram-se as pérolas uma a uma, à medida que a excitação cresce. Extrair as últimas de um só golpe diz-se que provoca um verdadeiro fogo de artifício! Se quiser realmente tentar, tenha atenção para só usar material sólido!

Outros acessórios?

■ *Ver também* Escova de dentes eléctrica, *Cock ring*, Godemiché, Molas de roupa, Espanador, Rolo da massa, Toalha quente, Vibrador.

Bondage

Esta palavra deve pronunciar-se à inglesa e quer dizer *grosso modo* "escravatura", "dominação". Já pode adivinhar tudo o que isso poderá significar no âmbito deste livro...

Na realidade, o termo "bondage" ganhou um sentido muito particular: trata-se de uma prática sexual que consiste em amarrar o parceiro – à cama, por exemplo – antes de fazerem amor. Para tal, podem usar-se cintos, lenços, tiras de couro, cordas macias...

Tal como todos os jogos eróticos um pouco "marginais", é evidente que o bondage só pode ser considerado se os dois parceiros estiverem de acordo e tiverem absoluta confiança um no outro.

Pode ser muito excitante para um de vós sentir-se durante algum tempo à mercê do outro, e para este ter esse tipo de poder. À semelhança das relações sadomasoquistas, estabelece-se uma relação de dominação e de submissão temporária. Na vida quotidiana, preferimos em geral evitar as relações de força, mas afinal se toda a gente nelas encontra satisfação...

Naturalmente que é quem está livre que dirige as manobras: a mulher cavalga o homem atado e imprime o seu próprio ritmo à relação; a mulher atada dá ao seu parceiro o sentimento muito excitante de que está à mercê da sua vontade.

Precauções

Há que ter atenção aos excessos possíveis de acontecer com este tipo de práticas: de certeza que têm os dois vontade de experimentar? E pelas mesmas razões? Trata-se de um simples jogo ou esconde-se alguma coisa por trás da vontade de ver o outro apenas como um brinquedo erótico? E inversamente, o que esconderá esse desejo de se tornar durante algum tempo um objecto sexual absolutamente passivo? Prudência, portanto. E não apertem demasiado as cordas, porque os músculos depressa ficam dormentes!

A saber

O prazer é ainda mais acentuado se um dos dois parceiros, para além de estar carinhosamente amarrado, tiver também os olhos vendados. Privado de um meio de controlo essencial sobre o mundo que o rodeia, o corpo torna-se muito mais receptivo e atento a todas as outras sensações, tais como os sons ou os odores. A pele fica estimulada pela excitação e torna-se muito mais sensível, o mais leve toque com a língua desencadeia vagas de prazer excitado...

Outras fantasias?

■ *Ver também* A vários, Exibicionismo, Fetichismo, Lingerie, Sadomasoquismo, Sodomia, Voyeurismo.

C de

Cabelos ▪ Circuncisão ▪ Clamídia ▪ Clítoris ▪ *Cock ring* ▪ Colheres ▪ Comer ▪ Comprimento (do sexo, claro) ▪ Contracepção ▪ Costas ▪ *Cunnilingus*

O lado deles

Cabelos

Já reparou, no cabeleireiro, que a maior parte das pessoas se deixam levar de olhos fechados pelas mãos de quem lhes massaja o couro cabeludo para pôr champô? Esta parte do corpo é de facto particularmente sensível, apesar de ser raramente explorada no decurso dos jogos eróticos.

Faça deslizar as suas mãos pelos cabelos dela, os dedos ligeiramente recurvados como para arranhar – muito ao de leve, claro – o seu couro cabeludo. Esta carícia, simultaneamente terna e sensual, tem virtudes relaxantes óbvias.

Sabia que antigamente as servas das princesas indianas lhes escovavam os longos cabelos até que adormecessem? Tente, se for realmente muito gentil, muito paciente e muito atencioso; mas cuidado com as cãibras!

Outras zonas erógenas?

■ *Ver também* Axilas, Ânus, Boca, Pescoço, Costas, Interior das coxas, Umbigo, Orelhas, Períneo, Ponto G, Mamilos.

Circuncisão

A circuncisão consiste em cortar o prepúcio, ou seja, a pele que cobre a glande. Esta operação ocorre regra geral muito cedo, na infância. Ela pode ser praticada por razões médicas (uma ligeira malformação que impeça de descobrir integralmente toda a superfície da glande, ou do sexo), mas na maior parte dos casos, os pequeninos são circuncidados por razões religiosas. Para os muçulmanos e judeus, a circuncisão marca a chegada do rapazinho à comunidade. É um pouco o equivalente do baptismo para os cristãos.

Porquê a circuncisão?

Ao início, tratava-se sem dúvida de uma questão de higiene: os povos onde nasceu este costume viviam em regiões desérticas, onde a água era naturalmente um bem raro e a higiene íntima nem sempre fácil de fazer. De facto, no caso de má higiene das partes genitais, as pregas de pele do prepúcio podem albergar facilmente micoses ou infecções mais ou menos graves. Suprimir o prepúcio permite evitar qualquer risco de irritação ou de infecção.

O lado deles

Hoje em dia, os preceitos religiosos tomaram o lugar das recomendações higiénicas e a circuncisão é uma prática puramente cultural. Mas já há vários anos que muitos americanos adultos se fazem circuncidar. Influência da moda ou medo de doenças? Provavelmente os dois. Mas uma higiene regular é mais do que suficiente: quando tomar o seu duche diário, basta ter o reflexo de puxar a pele do prepúcio para baixo antes de se lavar para assegurar uma limpeza perfeita.

Mais ou menos sensível?

Os adultos circuncidados são os únicos a poder falar de um "antes" e de um "depois" no que respeita à sensibilidade da glande… A perda de sensibilidade é inegável, pois a pele muito fina da glande já não está protegida pelo prepúcio. Ela enrijece-se então um pouco, quanto mais não seja pelo simples contacto com o tecido das cuecas ou dos calções. Mas essa perda de sensibilidade não tem aparentemente grandes consequências: a glande é uma zona muito rica em terminações nervosas e portanto extremamente receptiva a toda a espécie de estímulos!

Clamídia

Esta afecção traduz-se em pequenas picadas no momento de urinar. Cuidado para não a confundir com a blenorragia: arriscar-se-ia a tomar medicamentos inadequados. Um tratamento com antibióticos aos dois parceiros durante uma semana é suficiente para fazer desaparecer qualquer vestígio desta doença, muitas vezes discreta mas que se pode tornar aborrecida se não for tratada: risco de infecção da próstata ou dos testículos e, em casos extremamente raros, felizmente, esterilidade.

Como a evitar?

Usando um preservativo.

**Outras DST
(doenças sexualmente transmissíveis)?**

■ *Ver também* Blenorragia, Clamídia, Hepatite B, Herpes, Piolhos genitais, Verrugas genitais, Sida, Sífilis.

Clítoris

Situado por cima da vulva, o clítoris é sem dúvida a zona mais sensível do corpo da mulher. Apenas uma pequena parte dele é visível: ele prolonga-se sobre a parede anterior da vagina pelo clítoris interno.

Diga-se de passagem que uma estimulação conveniente deste clítoris interno provoca orgasmos assombrosos!

Quando é estimulado, o clítoris incha com sangue, enrijece e torna-se muito sensível: ele comporta-se exactamente como um minúsculo pénis! Mas enquanto que a verga serve para urinar, para além do seu papel nas relações sexuais, o clítoris tem por única função dar prazer. É aliás extremamente sensível a todos os estímulos, carícias com a ponta dos dedos ou com a ponta da língua.

Segundos inquéritos muito sérios, a estimulação do clítoris é o meio mais seguro para provocar um orgasmo a uma mulher (é o caso de 68% delas…), posicionando-se os prazeres da penetração vaginal muito atrás...

■ *Ver também* Excisão, Órgãos genitais da mulher.

Cock ring

A tradução literal de *cock ring* – anel para o pénis – não precisa de comentários. Trata-se efectivamente de um anel de metal, de borracha ou de couro, que se coloca na base da verga ou dos testículos. Ele serve para manter a erecção durante mais tempo, impedindo o sangue de refluir. É também um pequeno acessório de poder erótico seguro, uma espécie de bracelete íntimo... Existe em vários tamanhos, mas é inútil comprar o modelo de anel de cortinado para dar bom aspecto: depois é preciso estar à altura (à largura, neste caso) ...

Outros acessórios?

■ *Ver também* Bolas de geisha, Escova de dentes eléctrica, Godemiché, Molas de roupa, Espanador, Rolo da massa, Toalha quente, Vibrador.

O lado deles

Colheres

Imagine duas colheres pousadas uma na outra, perfeitamente sobrepostas: esta posição permite chegar à mesma perfeita imbricação – as colheres sois vós dois.

Trata-se de uma postura muito relaxante, na qual os dois parceiros estão deitados de lado; a penetração faz-se por trás, o que permite à verga vir excitar directamente o famoso ponto G, uma super-chave do prazer feminino.

E nada impede o rapaz – antes pelo contrário – de aproveitar o facto de ter as mãos livres para acariciar delicadamente o clítoris da sua parceira com um dedo molhado. A mistura penetração/carícias no clítoris/ponto G é espantosa.

Outras posições?

■ *Ver também* A cavalo, Sentados, Elevador, *Cunnilingus*, *Fellatio*, Kama Sutra, Galga, Liana, Masturbação a dois, Missionário, Missionário invertido, Armadilha da serpente, Sessenta e nove.

Comer

Comer melhor para melhor fazer amor... E porque não?!

Um pouco mais de testosterona?

O ginseng, o vinho tinto (basta meio copo!) e o zinco fazem trepar os níveis de testosterona, essa hormona tão importante para os homens (ver esta palavra); o zinco encontra-se no peixe, nas ostras, nos cogumelos, na carne vermelha, no fígado, nos cereais e na fruta.

A saber: os homens com carências sérias de zinco têm problemas de próstata ou de esterilidade...

Excitantes

Os viciados em café parece que têm uma vida sexual mais activa que os outros... E a cafeína também excita os espermatozóides, que ela torna mais rápidos e móveis!

O chocolate contém igualmente cafeína e sobretudo feniletilamina, uma anfetamina natural às vezes conhecida como a "molécula do amor", por causa de estimular o desejo.

Tónicos

O alho, o pimento, o gengibre e a cebola têm um efeito tónico na circulação sanguínea. Mas atenção ao seu hálito! Tente mastigar um pouco de salsa (sim, experimente) antes de passar às coisas sérias!

A vitamina E é por vezes chamada "vitamina do sexo" – sem comentários! Encontramo-la nos espinafres, nos espargos, nos ovos, na fruta e no arroz integral.

Pesquisas mostraram que o fósforo age directamente sobre o desejo. Encontrará este precioso ingrediente nos queijos rijos, na levedura de cerveja, nas amêndoas, nas vieiras, nos grãos de girassol e no farelo de trigo.

Comprimento (do sexo, claro)

Nunca é de mais repeti-lo: o tamanho da verga não tem nenhuma incidência na qualidade das relações sexuais. Homens "bem fornecidos" são às vezes péssimos amantes, enquanto que outros, aparentemente menos favorecidos pela natureza, têm o pequeno suplemento de sensualidade que faz os bons parceiros.

Quase todos os rapazinhos se lembram de terem comparado a pilinha com a de um amigo, na escola ou em férias. Nos duches, na tropa ou nos vestiários desportivos, muitos homens olham de soslaio para o sexo dos outros homens presentes, só para efeitos de comparação... que os pode favorecer ou não!

É normal querer situar-se relativamente aos outros, mas há que nunca deixar estas comparações terem demasiada importância. Alguns homens ficam complexados durante toda a vida porque crêem ter um sexo pequeno de mais, quando na realidade ele está na média... Mas muitas vezes apenas se apercebem disso muito tarde, quando se decidem a consultar finalmente um médico ou um sexólogo.

Meta isto na cabeça

1. Desconfie dos filmes pornográficos! Os actores são compreensivelmente bem dotados, mas não é obrigado a ser parecido com eles! E a maneira de filmar é importante: os grandes planos e as tomadas de vista de baixo permitem efeitos exagerados.

2. A dimensão do sexo em repouso não dá necessariamente nenhuma indicação sobre o seu tamanho em erecção. Um sexo de tamanho médio pode desenvolver-se surpreendentemente quando erecto; e inversamente, um sexo que parece ter um belo comprimento quando está em repouso, pode manter a mesma proporção em erecção.

3. Por razões puramente fisiológicas, um sexo de um tamanho fora do normal pode ser mais uma desvantagem do que o contrário. Com efeito, a verga é composta por tecidos erécteis, que se enchem de sangue no momento da excitação; é o que provoca a erecção. Se o volume a irrigar for muito

vasto, o sangue pode não afluir em quantidade suficiente para assegurar o inchaço consequente da verga. Dito de outro modo: uma verga de grande tamanho arrisca-se a ejacular mole...

4. A vagina mede entre 7 e 12 centímetros de comprimento...

5. Os nervos mais sensíveis encontram-se à entrada da vagina e na ponta do pénis: as penetrações pouco profundas deverão ser mais que suficientes em termos de sensação, para os dois...

6. Segundo as últimas informações, fantasias à parte, a maioria das mulheres ficaria relativamente embaraçada se encontrasse um homem dotado de um sexo realmente imponente. E teriam mesmo medo de se magoarem... Sem contar que isso complica um pouco certas práticas, como a sodomia ou o *fellatio*...

Números!

O comprimento médio da verga em repouso é de 8 a 12 centímetros. Em erecção, é de 12 a 17 centímetros.

Faça o teste, de régua na mão. Se estiver entre estes números, está tudo bem. Se o seu sexo for realmente muito mais pequeno – menos de 7 centímetros – o termo correcto é micropénis –, e sobretudo se isso lhe dá complexos enormes na praia e nas suas relações sexuais e afectivas, pode então pensar em fazer uma operação.

Bisturi? Bisturi!

As intervenções cirúrgicas apenas devem ser encaradas em casos de força maior e nunca sem apoio psicológico. Antes de qualquer operação, as verdadeiras motivações do doente são longamente pesadas e analisadas: na maioria dos casos, os homens que vão às consultas porque acham o seu sexo demasiado curto sofrem de... desinformação!

As soluções

A operação mais comum deste género consiste em seccionar os músculos sustentadores da verga, ou seja, os músculos que ligam o pénis à púbis. "Solto" desta forma, o sexo tem tendência a descair com o seu próprio peso e ganha entre 3 e 4 centímetros de comprimento. Claro que esta operação apenas se pode praticar uma única vez e é irreversível.

Tal não é o caso da operação que, em vez de alongar o sexo, o engrossa: certos homens queixam-se com efeito de ter um sexo demasiado fino. Para esta intervenção, o cirurgião transplanta um pouco de gordura da cintura abdominal do doente, injectando-a num lado e noutro da verga, de forma a dotá-la com um suplemento de espessura ao longo de todo o seu comprimento.

Contracepção

A contracepção congrega todos os meios postos à disposição de homens e mulheres para evitar a gravidez. Sim, também à disposição dos homens: a pílula para homens está em fase de testes já há algum tempo e os investigadores estão a testar uma vacina contraceptiva para homens, que impedirá mesmo a formação de espermatozóides.

A pesquisa médica avança, por assim dizer, apesar das reticências dos homens, que na sua imensa maioria não parecem muito entusiastas com a ideia de tomar a pílula... enquanto que as suas companheiras a tomam há muitos anos. Talvez por trás disto haja a ideia – falsa, bem entendido – que infertilidade e impotência andam de mão dada.

■ *Ver também*, no lado delas, Implante contraceptivo, Pílula, Pílula do dia seguinte

Costas

As costas são uma parte do corpo muitas vezes menosprezada durante os jogos amorosos: as atenções incidem na parte anterior do corpo, que concentra, efectivamente, a boca, os seios, a púbis e o pénis, todas as zonas erógenas clássicas.

É pena, dado que as costas são uma zona muito sensível às carícias e situada estrategicamente entre dois pontos essenciais da sensualidade, a nuca e as nádegas...

Deitado de lado encostado à sua parceira, que se encontra deitada sobre a barriga, acaricie as suas costas de baixo para cima e de cima para baixo, com a palma da mão, ou trace com as unhas longas linhas que sobem a partir das nádegas, seguem a coluna vertebral e esbatem-se em curvas sensuais à volta das omoplatas e na base da nuca...

Pense também em massajá-la, encavalitando-se sobre o seu corpo: pequenas pressões ou uma série de beliscões ligeiros subindo ao longo da coluna vertebral, massajando-a mais profundamente dos lados da nuca. As tensões acumuladas durante o dia cristalizam-se muitas vezes sob a forma de uma crispação da nuca e dos ombros; uma massagem nas costas liberta todas essas tensões e provoca um bem-estar profundo. A massagem pode mesmo levar ao adormecimento, se for realmente dotado, portanto pare antes disso acontecer!

Outras zonas erógenas?

■ *Ver também* Axilas, Ânus, Boca, Cabelos, Pescoço, Interior das coxas, Umbigo, Orelhas, Períneo, Ponto G, Mamilos.

O lado deles

Cunnilingus

Esta carícia consiste, para o homem, em lamber o sexo da sua parceira, os grandes lábios, os pequenos lábios, o clítoris. O *cunnilingus* constitui um preliminar excelente: o homem está muitas vezes mais "pronto para a acção" que a mulher, e o *cunnilingus* pode ser uma maneira maravilhosa de a excitar... se ela gostar disso. Com efeito, pode ser perturbador para uma mulher sentir o interesse do parceiro focado no seu sexo, esquecendo – mas apenas por um momento – essas duas zonas erógenas por excelência, que são a boca e os seios. Não desanime logo se aos primeiros toques com a língua ela se contrair e não manifestar nenhum entusiasmo especial, nenhuma vontade de se abrir mais às suas carícias. Insista um bocadinho, mas não demasiado: talvez se trate de um último ferrolho a fazer saltar, de um pudor que não tardará a desaparecer. O importante é agir lentamente, suavemente, nunca deixando de estar atento às reacções da sua parceira. Se for não, é não. Talvez seja sim da próxima vez...

Mas se for sim, eis o caminho a seguir. Comece por beijar os grandes lábios, belisque-os suavemente com a sua boca. Em seguida, percorra os pequenos lábios com toda a língua, atentando nas carícias que lhe parecem causar mais prazer. Ela descontrai-se, talvez seja a altura de passar ao clítoris: lamba-o, prenda-o entre os seus lábios, chupe-o ligeiramente. Não se concentre muito tempo na ponta do clítoris, essa zona é extremamente sensível e arrisca-se a irritá-la. Vire-se novamente para a zona que a rodeia e revisite-a... Use as mãos: acaricie o interior das coxas, suba até aos seios, siga a sua inspiração – e as indicações dela!

Que precauções tomar?

O contacto entre duas mucosas – o sexo dela e a sua boca – põe o problema da segurança da relação, em caso de uma microlesão ou de infecção, claro.

A menos que todos os testes tenham sido negativos – e com a condição de que o prazo de três meses entre uma relação não segura e o teste do

VIH tenha sido respeitado –, é necessário ser muito prudente para praticar o *cunnilingus* com tranquilidade. Mas que protecção adoptar? Simplesmente um quadrado de látex, que isolará a língua do sexo. Uma protecção muito eficaz e fácil de arranjar: basta recortar um quadrado num preservativo. Se não tiver preservativos à mão, a película aderente usada para alimentos serve perfeitamente!

A saber

O *cunnilingus* só tem verdadeiramente sentido se durar o tempo suficiente. É preciso dar tempo ao desejo para crescer e deixar que eventuais inibições se eclipsem: cinco bons minutos são o mínimo dos mínimos. As mulheres necessitam em média que um *cunnilingus* dure à volta de vinte minutos. Para bom entendedor...

Também importante: o *cunnilingus* pode ser uma forma extraordinária de ter prazer, como preliminar à penetração ou não. Quando sentir crescer o prazer da sua parceira, continue, nem pense em parar!

Outras posições?

■ *Ver também* A cavalo, Sentados, Elevador, Colheres, *Fellatio*, Kama Sutra, Galga, Liana, Masturbação a dois, Missionário, Missionário invertido, Armadilha da serpente, Sessenta e nove.

D de

Doenças sexualmente transmissíveis ▪ DST

Doenças sexualmente transmissíveis

Hoje em dia fala-se em "doenças sexualmente transmissíveis" (DST) e já não em "doenças venéreas".

No entanto, o adjectivo "venéreo" significa simplesmente "relativo a Vénus", que é, como todos sabem, a deusa do amor e dos prazeres amorosos. Bastante poético, não é? Mas a palavra ganhou uma conotação negativa, o que explica a mudança de expressões.

E é sem dúvida mais fácil, tanto para médicos como para doentes, falar em DST, dado que esta sigla neutra evita ter de se pronunciar a palavra "doença".

Uma doença sexualmente transmissível, como o nome indica, apanha-se fazendo amor com um parceiro infectado. Certas doenças destas são perfeitamente benignas, outras são mais sérias – mas com nenhuma se vive facilmente.

Prevenir o outro

As afecções venéreas, por definição, apanham-se a dois... Se se aperceber que está infectado por uma delas, não hesite em comunicar isso à sua parceira. É preciso saber que certas doenças, se forem mal tratadas ou tratadas tarde de mais, podem ter consequências muito aborrecidas, que podem implicar a impotência ou a esterilidade... Portanto engula o seu orgulho e o seu infortúnio, não tenha medo de fazer ondas, provoque mesmo uma cena conjugal se for preciso, mas não hesite em falar disso – mesmo que provavelmente tenha apanhado a doença com uma parceira... de ocasião.

Preventivo

O preservativo é a melhor protecção que existe contra todas as espécies de doenças sexualmente transmissíveis, das mais inofensivas às outras...

■ *Ver também* Blenorragia, Clamídia, Herpes, Hepatite B, Piolhos genitais, Verrugas genitais, Sida, Sífilis.

O lado deles

DST

Sigla de "Doenças Sexualmente Transmissíveis".

■ *Ver também* Blenorragia, Clamídia, Doenças sexualmente transmissíveis, Papiloma, Herpes, Verrugas genitais, Sida, Sífilis.

E de

Ejaculação ▪ Ejaculação precoce ▪
Elevador ▪ Erecção ▪
Erógenas (Zonas) ▪
Escova de dentes eléctrica ▪
Escroto ▪ Espanador ▪ Esperma ▪
Esquentamento ▪ Excisão ▪
Exibicionismo

O lado deles

Ejaculação

A ejaculação é a emissão rápida, em projecções sucessivas, do esperma para o exterior da verga. Ela coincide a maior parte das vezes com o orgasmo.

Alguns números

Uma ejaculação expulsa em média 500 milhões de espermatozóides para fora do corpo, à velocidade de 30 km/hora!

As mulheres também...

Pois sim, as mulheres também podem ter uma ejaculação; é um fenómeno relativamente raro e portanto bastante desorientador quando não se está preparado para ele. Mais discreta do que a dos homens, a ejaculação feminina não contém evidentemente nenhum espermatozóide. Trata-se simplesmente de uma secreção das glandes vaginais, líquida e transparente, que brota depois de um orgasmo particularmente memorável... Já dissemos que era rara!

Ejaculação precoce

A precocidade é normalmente um trunfo – menos em matéria de sexo. Mas não vale a pena transformar isso num drama: as soluções estão... à mão.

O que é?

Muito simplesmente o facto de não se conseguir controlar a ejaculação. A excitação é tão intensa que a ejaculação acontece muito depressa, às vezes logo nas primeiras carícias, outras vezes quando ainda estão os dois vestidos. Uma situação embaraçosa, tanto para um como para o outro. A rapariga tem razões para estar desapontada, mas o rapaz fica completamente de rastos. Porque a ejaculação é acompanhada evidentemente pela perda da erecção, e após esse primeiro "falhanço" não é fácil retomar rapidamente uma forma olímpica.

Nada de pânico!

A ejaculação precoce é um fenómeno muito comum, apesar de poucos rapazes falarem disso. As colegas de escola contam tudo sobre as suas aventuras e os seus segredos mais íntimos umas às outras, mas a maioria dos rapazes têm uma espécie de reserva que faz com que os melhores compinchas do mundo muito raramente falem das suas pequenas inquietações. É pena, porque se falassem dos seus dissabores mais facilmente aperceber-se-iam que todos os rapazes da sua idade têm exactamente os mesmos problemas, as mesmas questões. E saberiam, entre outras coisas, que a ejaculação precoce não tem nada de raro nem de definitivo.

Porquê eu?

A ejaculação precoce pode ter muitas causas. A primeira razão é, seguramente, o stress. O stress de uma situação nova e um pouco embaraçosa (mas habituamo-nos muito depressa!): dar por si sozinho com uma jovem que lhe agrada e que apenas está à espera de fazer amor consigo... A excitação pode tornar-se rapidamente insustentável, o desejo cresce, cresce... e é a ejaculação, às vezes bem antes da penetração, no momento dos preliminares.

Outra razão possível: o medo de falhar. Estamos tão obcecados pela ideia de "não chegar lá", sobretudo se for a primeira vez, que o corpo, de um certo modo, decide ele próprio acabar!

Na realidade, trata-se na grande maioria dos casos de pequenos bloqueios psicológicos sem grandes consequências e que acabam por desaparecer sozinhos, à medida que se compreende que não se deve fazer da sexualidade uma montanha nem um desporto, e que mais vale esquecer as histórias de "desempenhos".

O que fazer?

A solução: aprender a reconhecer o ponto de não retorno, para lá do qual já não é possível conter a ejaculação. É uma questão de treino!

Quando sentir o momento fatídico a chegar, há várias soluções possíveis.

O melhor é relaxar-se, descontrair-se, suspender todo o movimento, dado que qualquer fricção apenas acelerará o desfecho.

O lado deles

Se isso não for suficiente, existe um método "manual" com provas dadas: no momento em que se sentir pronto para "explodir", aperte o pénis (não com demasiada força, no entanto!) na base da glande. Com um pouco de experiência, isso basta muitas vezes para atrasar a ejaculação.

Outra solução é a retirada pura e simples – e temporária! –, até que a excitação passe. E um truque tão elementar como eficaz é pensar noutra coisa! Não é muito cortês em relação à sua parceira, mas também não se trata de fantasiar com outra mulher, bem pelo contrário: aconselhamos que se concentre numa ideia muito pouco interessante, como uma conta de telefone ou a declaração de impostos... No fundo, um pensamento de tal modo afastado dos domínios do prazer que a tensão se relaxa, a excitação desce e a angústia também. Porque, paradoxalmente, um homem que tem ejaculações precoces é um homem que procura reter a sua ejaculação! Contrair-se acelera o processo que se quer fazer parar. É estranho, mas é mesmo assim que as coisas se passam...

Em suma: descontrair-se, parar de imediato todos os movimentos, e pensar noutra coisa se isso não chegar. Com um pouco de prática, as coisas deverão resolver-se por si.

Existem ainda dois tipos de "tratamento de fundo": alguns exercícios de musculação e... a masturbação.

Os "exercícios" envolvem os músculos do períneo, os que agem alternadamente sobre o ânus e o pénis; são bastante fáceis de identificar. Contraí-los regularmente permite reforçá-los e sobretudo tomar consciência do papel de "retardadores" que podem desempenhar no momento crucial. Faça séries de dez contracções, de modo regular e discretamente – no escritório, no restaurante, nos transportes públicos.

Segundo "tratamento": a masturbação. É de facto importante fazer testes solitários, longe do stress que por vezes gera – tanto para as raparigas como para os rapazes – a realidade de um encontro amoroso. Aprendemos assim a controlar-nos, reparamos nas carícias que fazem provocar imediatamente a ejaculação, e aquelas que apenas fazem crescer a excitação. Aprendemos a abrandar o ritmo dos nossos movimentos, a "descomprimir" antes que seja tarde demais. E pouco a pouco, tudo entra na ordem! É muito raro que haja necessidade de consultar um sexólogo para problemas de ejaculação precoce. Nos casos mais complicados, ele será o único capaz de desfazer os mecanismos psicológicos misteriosos que fazem com que um homem possa, inconscientemente, não ter vontade nenhuma que uma relação sexual dure demasiado tempo!

Elevador

Uma posição um pouco atlética, que exige dos dois parceiros – mas especialmente do homem –, uma boa forma física, dado que são usados todos os músculos ou quase!

Não é uma posição para se tentar logo de início, mas é um pouco uma variante da "cavalgada fantástica", na qual a mulher se vem sentar sobre o sexo do seu parceiro, que está deitado de costas (ver A cavalo).

Mas voltemos à nossa posição. O homem está de pé; a sua parceira, de frente para ele, passa os braços à volta do seu pescoço e enrola as pernas à volta da sua cintura. Alguns movimentos com a bacia facilitam a penetração – é por isso que esta posição exige que os participantes estejam já um pouco "aquecidos". O homem, com as pernas um pouco arqueadas, suporta a sua parceira, bem entravada no seu sexo, e segura-a com os braços. É necessário, portanto, estar em boa forma e seguro da sua força para aguentar bastante tempo e não dizer cedo de mais: "Desce, querida, já não posso mais". Posição aconselhada se tiver uma constituição forte e ela for relativamente "portátil".

Precauções

Mais vale não se armar em galo de capoeira e abusar das suas forças... Localize com o canto do olho uma solução de descanso, como uma mesa, as costas de um cadeirão ou de um sofá, antes de ficar com as pernas vacilantes e os braços dormentes.

Outras posições?

■ *Ver também* A cavalo, Sentados, Colheres, *Cunnilingus*, *Fellatio*, Kama Sutra, Galga, Liana, Masturbação a dois, Missionário, Missionário invertido, Armadilha da serpente, Sessenta e nove.

Erecção

Um afluxo de sangue nos tecidos esponjosos que formam o corpo da verga fá-la tornar-se rígida, dura e inchada: eis a erecção, que acontece por ocasião de uma estimulação de ordem sexual, quando pensamentos eróticos atravessam o cérebro, ou quando um calor suave envolve essa parte do corpo.

Ah?

Também se pode falar de erecção para outras regiões do corpo, como os mamilos e o clítoris, que enrijecem e se endireitam quando são estimulados.

■ *Ver também* Erecção matinal, Impotência, Órgãos genitais do homem.

Erecção matinal

Os rapazes têm muitas vezes a experiência de acordarem em plena erecção. Não é no entanto propriamente a ideia de se levantar para ir trabalhar que os excita assim! As raparigas que assistiram a este fenómeno matinal atribuem-no muitas vezes ao lado "instintivo" dos homens, incapazes – eis a prova – de dominar as suas pulsões, enquanto que elas são tão mais racionais... Errado! Eis a verdadeira explicação.

Durante o sono, o corpo recupera, como é sabido. Passa-se o mesmo com o cérebro, e o inconsciente desembaraça-se de todas as tensões, stress e inibições que acumulou durante o dia. E as fantasias têm o caminho livre para se manifestar, aproveitando este período de repouso onde o espírito não os controla! Resultado: uma bela erecção matinal, que significa simplesmente que teve sonhos tórridos... e que ainda tem – felizmente – alguns fantasias a satisfazer.

Outra explicação, complementar e mais terra a terra: a urina retida durante a noite pode fazer pressão na próstata e provocar uma erecção – esta é puramente mecânica!

Erógenas (Zonas)

Um termo de origem grega, que significa "capaz de suscitar o desejo" (derivado do nome do deus grego do amor físico, Eros, filho de Afrodite).

Os corpos do homem e da mulher estão semeados de zonas cuja pele mais fina as torna particularmente sensíveis às carícias. Entre estas zonas estão os órgãos genitais e os seios, claro, mas há muitas mais! Veja por si mesmo:

■ *Ver também* Axilas, Ânus, Boca, Cabelos, Costas, Pescoço, Interior das coxas, Umbigo, Orelhas, Períneo, Ponto G, Mamilos.

E

Escova de dentes eléctrica

Uma prima *soft* do vibrador. Pode passear-se facilmente por toda a superfície do corpo, e a passagem dos seus pequenos pelos rígidos provoca vibrações concêntricas que espalham por todo o corpo ondas de prazer.

Pode assim percorrer o pescoço, as axilas, a planta dos pés, os mamilos, o umbigo...e até o ânus e o períneo. Em resumo, todas as zonas – e são numerosas – que pedem cócegas, carícias ou algum tipo de titilação.

Claro que esta escova de dentes deve ser reservada em exclusivo para os seus jogos eróticos: não a arrume ao pé das suas escovas de dentes habituais! Não se esqueça igualmente de a limpar cuidadosamente depois de cada utilização.

Outros acessórios?

■ *Ver também* Bolas de geisha, *Cock ring*, Godemiché, Molas de roupa, Espanador, Rolo da massa, Toalha quente, Vibrador.

O lado deles

Escroto

Mais conhecido por "Bolas" (ver palavra), o escroto é a bolsa de pele que protege os testículos.

Espanador

Já pensou no espanador? Sim, sim, o simples espanador, que serve normalmente para limpar o pó. Ele pode transformar-se num parceiro erótico inesperado e muito divertido: no pescoço, debaixo dos braços, nos seios, entre as coxas... Se algum dos dois parceiros tiver cócegas, pode ser a oportunidade para uma sessão de suave tortura ou de gargalhadas... no meio de uma sessão amorosa.

Outros acessórios?

■ *Ver também* Bolas de geisha, Escova de dentes eléctrica, *Cock ring*, Godemiché, Molas da roupa, Rolo da massa, Toalha quente, Vibrador.

Esperma

O esperma é, obviamente, o líquido esbranquiçado, espesso, que o sexo expele em vários espasmos no momento da ejaculação... A uma velocidade de 30km/hora! Até aqui nada realmente de novo. Todos sabem igualmente que ele contém espermatozóides. O papel deles na procriação é evidentemente capital, mesmo representando só na realidade 5 a 10% do volume total do esperma.

Mas isto é outra história...

Muitos homens estão convencidos de que o volume de esperma que expulsam ao longo de uma ejaculação é directamente proporcional ao prazer que sentem. Está totalmente errado, as duas coisas não têm rigorosamente nada a ver.

O volume de esperma – assim como a sua consistência mais ou menos líquida ou o seu cheiro – depende de cada indivíduo, da frequência das suas relações, da sua forma física ou do seu cansaço, etc. Os filmes pornográficos são provavelmente a origem de uma crença bastante difundida, causa de complexos para bastantes homens, que consideram as suas emissões de esperma insuficientes. É verdade que os actores de filmes pornográficos produzem quantidades de esperma muitas vezes impressionantes. Mas não se esqueça de que é fácil, na montagem do filme, juntar várias sequências, ou regar copiosamente, fora da vista da câmara, o corpo de uma actriz com um líquido esbranquiçado que não tem rigorosamente nada a ver com o esperma!

Esquentamento

Designação popular da blenorragia (ver esta palavra). Sinónimo: espermatorreia.

Excisão

Ainda praticada em certos países que seguem assim uma tradição muito antiga, esta operação consiste em cortar o clítoris, o que impede evidentemente a jovem ou a mulher de sentir qualquer prazer com essa parte do corpo.

Nalguns países africanos, a excisão é um rito de passagem obrigatório que permite às raparigas jovens tomar o seu lugar no conjunto da comunidade.

Muitas associações que militam pelos direitos das mulheres lutam pela abolição desta prática, que tem tudo de uma mutilação, mas o peso da tradição continua a ser muito forte.

Para mais, a excisão é muitas vezes praticada em condições de higiene claramente insuficientes, pelo que as infecções e complicações são frequentes...

Exibicionismo

O exibicionista é o parceiro ideal do voyeur: se um gosta de olhar, o outro tem prazer em mostrar-se. Mostrar-se sob condições um pouco especiais, bem entendido: nu(a) ou vestido(a) com roupas particularmente sugestivas, sozinho ou em casal, e de preferência enquanto faz amor...

O lado deles

Os exibicionistas exercem a maioria das vezes os seus talentos em locais semidesertos – bosques, parques de estacionamento –, onde normalmente não correm riscos de ser surpreendidos, mas... essa eventualidade pode ser precisamente um motor da excitação: o medo de ser apanhado age como um excitante poderoso.

O exibicionista joga muito com a falsa ingenuidade: dá-se em espectáculo, mas quer fazer crer que não sabe que é observado. Andará assim muito naturalmente todo nu por trás de cortinas fechadas, enquanto que do exterior se vê tudo em sombras chinesas! Ou então fará de conta que não sabe que as janelas da casa de banho não são completamente foscas, ou que as lamelas dos estores filtram muito pouco os olhares... Pequenos jogos relativamente inocentes, nos quais se pode sempre dizer que "não se sabia". Por outro lado, o exibicionismo torna-se repreensível quando deixa de ser um simples picante numa relação para se tornar claramente obsessivo. É o caso clássico do homem da gabardina, que a entreabre para mostrar o sexo às pessoas que passam – e de preferência às mulheres. O exibicionismo pode então ser classificado na categoria dos comportamentos "perversos"; é muitas vezes o sinal de uma falta séria de confiança em si próprio e de uma incapacidade de entrar em contacto com os outros sem ser através de um contexto imbuído de violência: mostrar de maneira inopinada e agressiva os seus atributos viris é uma forma de se impor aos outros.

A lei prevê sanções bastante pesadas para os exibicionistas apanhados em flagrante.

É verdade também que o exibicionista se dirige muitas vezes de preferência a um público jovem, particularmente vulnerável e que dispensaria totalmente este género de espectáculo...

Nota: o exibicionismo tem na sua larguíssima maioria a ver com os homens. Parece que algumas mulheres se passeiam nuas sob o casaco – que entreabrem no comboio, por exemplo –, ou não usam ostensivamente cuequinhas debaixo da saia, mas aparentemente são sobretudo os homens que têm necessidade de ser sossegados pelo olhar dos(as) desconhecidos(as) sobre a importância do seu pequeno brinquedo...

O exibicionismo tem como complemento ideal o voyeurismo (ver esta palavra), tal como dissemos.

Outras fantasias?

■ *Ver também* A vários, Bondage, Fetichismo, Lingerie, Sadomasoquismo, Sodomia.

F de

Fantasias ▪ Fazer de conta ▪ *Fellatio* ▪ Feromonas ▪ Fetichismo ▪ Filmes pornográficos ▪ Freio ▪ Frequência das relações sexuais ▪ Frigidez

O lado deles

Fantasias

Uma pequena fantasia erótica, a vontade de algo mais para apimentar o menu habitual das vossas relações sexuais, ou mesmo a impossibilidade de ter prazer sem uma encenação muito precisa: existem diversos graus nas fantasias.

A saber

As fantasias que são elaborados no cérebro são normalmente muito precisas. As mais pequenas peripécias da aventura sexual imaginada são detalhadas a um ponto que torna a sua transposição para a realidade quase impossível. E tanto melhor assim, dado que as fantasias contêm muitas vezes uma parte de violência que se poderia tornar perigosa na vida real...

Guardá-las para si?

Falar das suas fantasias com a sua parceira às vezes é arriscado. Das duas uma: ou ela aceita entrar no seu jogo, ou ela recusa participar. Se ela aceita, fantástico! Venham daí os cintos de ligas, os espartilhos de couro negro, as "rapidinhas" num matagal, etc. Mas se ela não quer, ai! Arrisca-se a passar por pervertido; e ela arrisca-se a ficar convencida que nunca conseguirá vir a satisfazê-lo, o que criará um certo mal-estar no casal...

A solução: fazer marcha-atrás. Diga-lhe que se trata apenas de pequenas vontades passageiras e sem consequências, que as fantasias perdem uma boa parte do seu *charme* quando se tornam reais – o que é aliás a pura verdade. E a partir daí, guarde para si os seus pequenos segredos!

▇ *Ver também* A vários, Bondage, Exibicionismo, Fetichismo, Lingerie, Sadomasoquismo, Sodomia, Voyeurismo.

Fazer de conta

Parece que as mulheres simulam às vezes um orgasmo... "Não comigo, pelo menos", pensam todos os rapazes. E no entanto...

No entanto, isso acontece, as sondagens são taxativas. É preciso dizer que é mais fácil para uma mulher simular um orgasmo do que para um homem: inspirando-se nos gritos e na linguagem corporal das actrizes dos filmes pornográficos, elas podem facilmente convencer o seu parceiro...

Porquê?

Uma mulher pode ter imensas razões para simular um orgasmo.

Pode ter vontade de parar, porque não pode mais (isso seria relativamente lisonjeador para o rapaz, que pelos vistos consegue "aguentar o barco"...).

Pode também querer esconder o facto de não ter prazer, ou não querer desiludir o rapaz que não consegue dar-lhe prazer.

Resultado: ela continua insatisfeita, enquanto que o rapaz fica todo orgulhoso do seu desempenho... Total incompreensão!

Reconhecer um orgasmo falso

No momento do orgasmo, os músculos vaginais contraem-se de uma maneira incontrolável e violenta, perfeitamente inimitável...

Desbloquear a situação

Se sentir que a sua parceira possa simular um orgasmo, o melhor é mesmo colocar francamente a questão. Talvez ela goste de si, mas não seja demasiado fã de sexo, e por medo de o perder prefere simular o prazer... Ou então você magoa-a e ela não tem coragem de lhe dizer para não passar por uma mulher "fraca", mas prefere abreviar a coisa.

Quaisquer que sejam as razões, falem delas abertamente: se calhar basta mudar a posição – ou muito simplesmente iluminar o quarto de forma mais discreta – para que ela deixe de estar à defensiva, para que se consiga descontrair e ter, realmente, prazer em fazer amor consigo.

Os homens também...

É verdade, às vezes também os homens fazem de conta que têm prazer! É mais difícil, porque o orgasmo masculino é acompanhado por uma ejaculação e é complicado fingir que se ejaculou...

O lado deles

Mas parece que alguns pretensiosos simulam um primeiro orgasmo, retomam imediatamente as relações e fazem crer à sua parceira que a sua primeira ejaculação verdadeira é na realidade a segunda. Uma atitude bastante pueril e que se arrisca a roçar o ridículo, se a mulher se apercebe...

A saber: o facto de se recomeçar muito depressa não é nenhuma garantia da qualidade das relações, e as mulheres preferem claramente um único acto bem conseguido a assaltos repetidos, tipo coelho. Para bom entendedor...

Fellatio

Variação do termo latim que significa "chupar". Tecnicamente falando, o *fellatio* é uma "carícia bucogenital", mas também se usa "broche", "bóbó" ou "chucha", entre outros termos...

Segundo as sondagens, o *fellatio* é a prática preferida pelos homens, certamente porque lhes proporciona um sentimento de poder e porque eles adoram que alguém se ocupe da sua pequena minhoca. Repare como se passam as coisas nos filmes pornográficos: o homem está de pé, a sua parceira de gatas ou de joelhos à sua frente, ele a segurar-lhe vigorosamente a nuca e a sua verga a entrar e a sair da boca dela... Um pouco de dominação, um toque de violência, a exaltação do vigor do falo: uma festa para as fantasias! Por azar, o *fellatio* não é de todo o que as mulheres preferem, e sem dúvida pelas mesmas razões que o fazem tão desejável para os homens! É preciso dizer que a elas também desagrada que o homem ejacule na sua boca.

A solução? Falarem disso os dois, esquecer as imagens às vezes violentas e humilhantes dos filmes para adultos. Se os homens pararem de armar em estrela pornográfica, e deixarem de dar grandes golpes de rins que se arriscam a sufocar a parceira, talvez elas aceitem mais facilmente o *fellatio*... Mas tem de ser troca por troca: conhece o sessenta e nove, por exemplo?

O lado deles

Outras posições?

■ *Ver também* A cavalo, Sentados, Elevador, Colheres, *Cunnilingus*, Kama Sutra, Galga, Liana, Masturbação a dois, Missionário, Missionário invertido, Armadilha da serpente, Sessenta e nove.

Feromonas

As feromonas são substâncias segregadas pelo corpo – nomeadamente pelas axilas – que estimulam o desejo sexual da pessoa que as inala. Tudo isto se passa inconscientemente, mas é certo que as feromonas têm um papel na atracção misteriosa que leva a juntar duas pessoas. Cuidado para não pôr uma água de colónia ou um desodorizante muito fortes, que podem obstruir estas emanações delicadas…

As feromonas têm um raio de acção relativamente curto, da ordem das dezenas de centímetros no máximo. Aproxime-se, portanto!

Fetichismo

Para atingirem a excitação sexual, certas pessoas necessitam de um estimulante imaginário, um pequeno devaneio ou uma fantasia específica. Para outras, esse estimulante é um suporte material, um objecto particular (em geral um sapato, um *slip* ou umas cuecas) ou uma matéria percebida como particularmente sensual e excitante, como o veludo, a seda, o couro ou o látex.

Porquê?

A origem destas preferências encontra-se muitas vezes na infância: uma emoção de ordem sensual e erótica coincidiu um dia com a visão de um objecto concreto, e desde essa época o objecto e o prazer sexual ficaram ligados de forma indissolúvel... Mas não é necessário ir ao psicanalista se ficar particularmente excitado por meias de liga ou por sapatos de salto agulha: trata-se de fantasias clássicas e muito comuns... a não ser que tenha no seu quarto 648 pares de sapatos de salto alto, cuidadosamente arrumados por cores...

O lado deles

Outros casos um pouco extremos? Os coleccionadores de cuequinhas – já usadas, claro – e aqueles que só conseguem fazer amor vestidos com um impermeável de borracha e botas de homem do lixo (sim, isto existe, e há muitos mais...).

Outras fantasias?

■ *Ver também* A vários, Bondage, Exibicionismo, Lingerie, Sadomasoquismo, Sodomia, Voyeurismo.

Filmes pornográficos

Para muitos rapazes e raparigas, a aprendizagem da sexualidade passa pelo visionamento de filmes pornográficos.

É verdade que lá se podem aprender coisas muito mais precisas – e mais ilustradas – do que nas aulas de educação sexual!

Mas é preciso ter o cuidado de relativizar bem o que se lá vê: actrizes exímias – é a profissão delas – actores muito bem desenvolvidos e sempre prontos – também é a profissão deles.

F

Você não é a estrela de um filme pornográfico...

Sobretudo evite ter como modelos os actores de filmes pornográficos, e lembre-se que graças às montagens, vemo-los sempre sob o seu melhor lado: nunca dão negas, nunca têm ejaculações precoces, enfim, nunca têm problemas...

Para o comum dos mortais, a realidade é bem diferente!

Os filmes pornográficos são quase todos estruturados da mesma maneira, e procuram excitar o espectador através de todos os meios possíveis. Neles encontramos por exemplo quase sempre uma das fantasias mais difundidas entre os rapazes: as mulheres com grandes seios, as cenas de lesbianismo, a lingerie.

Outro grande clássico: a sucessão rápida de uma série de posições... A não transpor de forma alguma para a sua vida sexual por duas razões. Primeiro, a sua parceira, que não é parva, identificaria imediatamente a sua fonte de inspiração. Depois, e obviamente mais importante, mais vale uma posição de cada vez, sentir-se bem nela, ter um máximo de prazer, antes de passar, se tiver vontade disso, para outra coisa...

... e ela também não!

Mesmo se viu recentemente num filme uma cena que o excitou especialmente, não é razão para pedir à sua parceira para fazer um *remake* consigo... Ela pode muito bem ter reticências que a actriz de filmes pornográficos não tem – esta é a profissão dela! Por exemplo, a maior parte das raparigas não está muito voltada, *a priori*, para o *fellatio*, que tem ar de agradar especialmente às actrizes pornográficas. Em vez de saltar sobre a cama e de lhe agarrar selvaticamente na nuca, como vemos fazer em certos filmes, opte pela gentileza e pela sensualidade: ela deixar-se-á com certeza convencer. Mas convença-se que não é não!

Freio

A dobra da pele situada no limite entre a verga e a base da glande, no meio do pénis.

■ *Ver também* Órgãos genitais do homem.

Frequência das relações sexuais

Os portugueses serão dos melhores amantes do mundo... Talvez sejam no caso de se falar da qualidade das relações e não da sua quantidade... Por exemplo, apesar da sua fama, os franceses são os últimos!

> França: 99 relações por ano.
> Inglaterra: 133.
> EUA: 128.
> Alemanha: 116.
> Canadá: 113.

Mas os números valem o que valem...

O lado deles

Frigidez

A origem latina desta palavra (*frigidus* = frio) é clara: a frigidez, para uma mulher, consiste em permanecer fria como o mármore durante as relações sexuais – ou dito de outra maneira, em não ter qualquer prazer.

Porquê?

A frigidez pode existir por diversas razões. Pode haver razões puramente culturais, com origem na infância e na ideia – em vias de extinção! – de que as mulheres não têm o direito de exprimir um desejo sexual, sob pena de passarem por "porcas"... Para evitarem ser mal interpretadas, elas preferem barricar-se – e ao mesmo tempo eliminar o prazer. Este tipo de reacção não é muito corrente hoje em dia, mas ainda se encontra.

Pode também tratar-se de um medo ligado à infância, nomeadamente a violências sofridas durante esse período-chave da vida. É natural que a própria ideia de se poder ter algum prazer de ordem sexual seja completamente impossível para antigas vítimas de incesto ou de violação.

Ou ainda a primeira relação sexual pode não ter corrido muito bem, o que instalou no inconsciente a ideia que fazer amor representa dor ou mal-estar. Para não passar por "atrofiada" ou "não emancipada", ou para não afastar um rapaz que a atrai, uma rapariga que passou por esse tipo de má experiência pode muito bem aceitar fazer amor, mas sem tirar nenhum prazer disso.

O que fazer?

Se a sua amiga tem ar de se aborrecer na cama, de não sentir nada, ou se desconfia que ela simula o prazer para lhe agradar, o melhor é falar disso com franqueza. Mesmo que não seja um assunto fácil de abordar, sobretudo no início de uma relação.

Se calhar ela é apenas muito pudica? Nesse caso, avance por etapas nas vossas relações amorosas, e sobretudo não se mostre insistente. Saiba "conter-se", é uma forma de a respeitar.

A saber

As massagens ajudam a fazer desaparecer imensas inibições e uma enorme quantidade de medos e reticências.

Boa notícia

Os conselhos de um terapeuta raramente são necessários, a paciência e a ternura acabam a maior parte das vezes por fazer evaporar todas as apreensões. O sétimo céu está à vossa espera!

G de

Galga ▪ *Gay* ▪ *Gay pride* ▪
Glande ▪ Godemiché ▪
Grávida (com uma mulher)?

O lado deles

Galga

O termo galga (fêmea do galgo) é explícito: nesta posição faz-se amor à semelhança dos cães, como por vezes vemos juntos na rua!

Dito desta maneira não é muito poético, mas é na realidade muito agradável...

Ela coloca-se de gatas diante de si, e você ajoelha-se por trás dela para a penetrar. Esta posição é um grande clássico e permite uma penetração muito profunda.

Outras posições?

■ *Ver também* A cavalo, Sentados, Elevador, Colheres, *Fellatio*, Kama Sutra, Liana, Masturbação a dois, Missionário, Missionário invertido, Armadilha da serpente, Sessenta e nove.

Gay

Termo usado originalmente pelos homossexuais americanos para se definirem a si próprios. Significa em inglês "divertido", "feliz", e opõe-se a *straight*, que quer dizer "normal", "sério", "heterossexual", ou mesmo "atrofiado"...

Na linguagem corrente, a palavra *gay* define normalmente os homossexuais homens, enquanto que as mulheres preferem o termo "lésbicas".

Também se fala em vida *gay*, lugares *gay*, cultura *gay*... O termo já entrou no dicionário, sinal de que as mentalidades mudam!

■ *Ver também* Sair do armário, *Gay pride*, Homossexualidade, Lesbianismo.

Gay pride

Gay pride significa "orgulho homossexual"; o dia do *Gay pride* é para os homossexuais uma jornada de reivindicação e de afirmação da sua identidade.

Um certo 28 de Junho

O desfile do *Gay pride* tem sempre lugar por volta dos fins de Junho. Porquê? Para assegurar que está bom tempo (o que há de mais triste que uma manifestação à chuva?), mas sobretudo para celebrar o primeiro acto de rebelião dos homossexuais contra a opressão sistemática de que eram vítimas.

Tudo começou na América, mais precisamente em Nova Iorque. Durante anos, a polícia entretinha-se a fazer rusgas nos bares *gays* e a intimidações contra as quais ninguém ousava insurgir-se, com medo de ser apontado na rua.

Tudo mudou no dia 28 de Junho de 1969: aquando de uma rusga da polícia num bar, os homossexuais resistiram usando garrafas e caixotes do lixo, de tal forma que foi preciso enviar um comando especial de polícias como reforços.

Para os homossexuais de Nova Iorque e do mundo inteiro, a partida estava ganha: aquela resposta significava que eles achavam que o tempo da opressão e da clandestinidade havia passado, que tinham decidido sair para a luz do dia.

Desde então, cada vez mais homossexuais participam nas manifestações do *Gay pride*, desfiles coloridos, ruidosos e provocantes. Música alta, roupas delirantes, maquilhagens ousadas: estes desfiles chocam ainda com certeza os mais conservadores, mas têm o mérito de fazer tomar consciência à sociedade da existência de toda uma parte da população que ela insistia em ignorar ou que preferia relegar para a clandestinidade.

Em França, as primeiras manifestações contavam apenas com algumas dezenas de homossexuais corajosos; hoje em dia, em Paris e muitas outras cidades, o desfile do *Gay pride* junta dezenas ou centenas de milhares de homens e mulheres. Em Portugal as coisas têm evoluído mais lentamente, mas podem destacar-se como eventos públicos relevantes, o Arraial Pride, a Marcha do Orgulho LGBT e o Festival de Cinema Gay e Lésbico.

As leis mudaram, a homossexualidade já não é nem um delito (!), nem uma doença mental (!!); as associações – e o *Gay pride* – fizeram avançar as coisas.

Hoje em dia, a era das reivindicações já passou, mas não certamente a da festa!

O lado deles

O *Gay pride* e os *media*

Todos os anos, a televisão e os jornais referem o *Gay pride*, mas privilegiam quase sistematicamente as imagens sensacionalistas. Em vez de mostrar centenas de milhares de raparigas e de rapazes a desfilar atrás de carros de Carnaval ou de bandeiras, em vez de entrevistar responsáveis pelo desfile sobre as razões da manifestação (reconhecimento dos direitos dos pais homossexuais, reconhecimento jurídico dos casais homossexuais, etc.), os repórteres preferem mostrar um rapaz com um fio dental cor-de-rosa ou uma lésbica com o físico de um segurança de discoteca... Estas caricaturas já têm uma vida complicada: não vale a pena piorar ainda mais as coisas!

Mas felizmente as mentalidades mudam e a sociedade mexe, lenta mas seguramente...

Glande

A glande é a extremidade da verga. Está recoberta por uma pele, o prepúcio – a não ser que se tenha sido circuncidado, em cujo caso essa pele foi cortada. Essa intervenção faz-se em geral na mais tenra infância (caso dos judeus e dos muçulmanos), mas também pode ser praticada por causa de uma ligeira malformação, que torna difícil ou doloroso puxar a pele para baixo. Se for esse o seu caso, fique a saber que o rei Luís XVI sofreu do mesmo problema durante muito tempo... Recusou a operação durante anos, o que pode ser compreensível: intervenções cirúrgicas sem anestesia, mesmo local, não obrigado!

Com a erecção, o prepúcio desliza normalmente para baixo e descobre a glande, que é a zona mais sensível do sexo, muito rica em terminações nervosas.

Sabe porque é que o diâmetro da glande é maior do que o da verga? Muito simplesmente para que ela possa servir de tampa após a ejaculação: ela retém os espermatozóides na vagina, para dar ainda mais hipóteses à fecundação. A Natureza está bem feita, não está?

■ *Ver também* Circuncisão, Órgãos genitais do homem.

O lado deles

Godemiché

Trata-se de um falo artificial, utilizado para as penetrações vaginais ou anais. Nas sex-shops encontra-os de todos os tamanhos, formas e cores. A maior parte são extraordinariamente realistas, tanto em termos de cor e aspecto como ao toque. Alguns foram mesmo modelados sobre o sexo em erecção de uma estrela pornográfica: olá, fantasias!

Mas afinal, porque não arranjar um parceiro destes, sempre em forma? Ele trará certamente algum picante à sua relação!

Outros acessórios?

■ *Ver também* Bolas de geisha, Escova de dentes eléctrica, *Cock ring*, Molas de roupa, Espanador, Rolo da massa, Toalha quente, Vibrador.

Grávida (com uma mulher)?

Sim, sim!

Muitos homens não ousam fazer amor com a sua mulher grávida, com medo de magoar o bebé. Trata-se de um escrúpulo muito terno, mas totalmente sem fundamento – desde em que a gravidez decorra normalmente, claro, sem dores nem hemorragias.

O ventre rechonchudo da sua parceira não permite todos os jogos eróticos que praticam habitualmente com gosto; então, escolham posições onde estejam os dois de lado ou um por trás do outro.

Sim, mas...

Nos últimos meses da gravidez, a maioria das mulheres não está realmente muito para aí virada: elas têm outra coisa em que pensar! E é preciso evitar ter relações sexuais no caso de contracções precoces. O esperma contém uma substância hormonal que pode vir a provocar novas contracções.

H de

Hepatite B ▪ Herpes ▪ Heterossexualidade ▪ Hímen ▪ Homossexualidade

O lado deles

Hepatite B

A hepatite B pode ser apanhada por transfusão sanguínea ou por via genital.

Os sintomas

Febre, urina muito escura, fezes claras. Também podem ocorrer náuseas frequentes e dores de barriga. Certas pessoas ficam com sinais semelhantes à icterícia – a tez e o branco dos olhos ficam amarelos –, mas isso não tem nada de sistemático.

O tratamento

A maior parte das vezes esta afecção é perfeitamente benigna e cura-se rapidamente, mas pode tornar-se crónica, com o risco de cancro ou de cirrose... É preciso também saber que formas fulgurantes da doença podem ser fatais em apenas alguns dias. Mas nada de pânico: existem vacinas eficazes, que permitem ficar definitivamente tranquilo. Mais vale aproveitar para se desembaraçar deste perigo de uma vez por todas: a hepatite B é de facto uma doença muito cansativa, que o deixa em baixo durante muito tempo…e que se arrisca a incomodá-lo muitas vezes, se se tornar crónica.

**Outras DST
(Doenças sexualmente transmissíveis)?**

■ *Ver também* Blenorragia, Clamídia, Papiloma, Herpes, Piolhos genitais, Sida, Sífilis.

Herpes

O herpes manifesta-se sob a forma de pequenas bolhas – semelhantes às bolhas de febre que se criam na borda da boca – ou numa grande, na verga, perto do ânus, nas nádegas ou no cimo das coxas. Estes sintomas podem ser acompanhados de alguma febre. O que é muito aborrecido com o herpes, seja genital ou não, é que uma vez que se seja contaminado, é para toda a vida… O que significa que existe um riso de recaída permanente. Para além disso, o herpes é extremamente contagioso, mesmo fora dos períodos de crise, que se manifestam em lesões cutâneas fáceis de notar.

O lado deles

Durante as crises, está obviamente fora de questão ter relações sexuais; fora delas, é necessário usar sempre preservativo.

Nenhum tratamento foi ainda capaz de eliminar o vírus, que pode assim reaparecer continuamente. Contudo, os tratamentos actuais permitem afastar rapidamente as lesões cutâneas.

É indispensável a higiene mais rigorosa em caso de contacto com uma zona que apresente uma lesão: o herpes é muito contagioso e há risco de propagação a outras partes do corpo.

**Outras DST
(Doenças sexualmente transmissíveis)?**

■ *Ver também* Blenorragia, Clamídia, Hepatite B, Piolhos genitais, Verrugas genitais, Sida, Sífilis.

Heterossexualidade

É a atitude sexual de escolher os seus parceiros (sexuais) entre os representantes do outro sexo.

A heterossexualidade opõe-se (embora nem sempre) à homossexualidade, que, como todos sabem, é uma atracção pelas pessoas do mesmo sexo.

■ *Ver também* Bissexualidade.

Hímen

O hímen é uma membrana fina que recobre parcialmente a entrada da vagina até à altura das primeiras relações sexuais: nesse momento, rasga-se.

O facto de estar intacto era antigamente sinónimo de virgindade; hoje em dia sabemos que ele se pode rasgar facilmente por um tampão higiénico ou durante uma sessão desportiva um pouco mais violenta.

■ *Ver também* Órgãos genitais da mulher.

Homossexualidade

É a atitude sexual de escolher parceiros entre os representantes do mesmo sexo.

O lado deles

A homossexualidade nem sempre foi bem vista (é o mínimo que se pode dizer), mas as coisas estão a mudar!

Em Portugal, deverá haver actualmente algumas dezenas de milhares de homossexuais, entre rapazes e raparigas. Podem assim ficar mais sossegados aqueles que sentem pulsões homossexuais: não, não estão sós!

Fácil?

O facto de uma pessoa se aperceber de que é homossexual é às vezes qualificado nos livros como "descoberta das suas tendências homossexuais". Na realidade, pode não tratar-se de simples "tendências", mas sim da certeza de que não se tem vontade, mesmo nenhuma, de dormir com uma rapariga, enquanto que com um rapaz...

Não é certamente uma descoberta com que seja fácil viver, sobretudo porque ela acontece em geral durante a puberdade, um período já de si bem carregado de problemas para resolver! E não é fácil falar nisso com as pessoas mais próximas: com os amigos? Com a família? Como reagirão? O medo de ser rejeitado ou mal visto leva muitas vezes a melhor.

Assumir

Hoje em dia é muito mais fácil assumir a sua homossexualidade. Toda a gente ouviu falar nos desfiles do *Gay pride*, todos sabem que este ou aquele actor é homossexual, e já ninguém se choca com isso. A homossexualidade banalizou-se, perdeu o carácter provocante ou marginal que teve durante muito tempo.

É preciso aproveitar!

Dê uma volta pelos sites *gays* na Internet: descobrirá que está longe de estar sozinho! Reparou num anúncio de uma revista *gay* num quiosque? Compre-a! Se não tiver coragem de o fazer na sua rua, vá até outro quarteirão ou a uma estação de comboios, onde ninguém o conhece. Será certamente uma compra útil: trata-se de um primeiro passo, um primeiro acto de afirmação da sua identidade, e para mais, encontrará com certeza na revista informações e moradas que o poderão ajudar a sentir-se melhor.

Só para ver?

Você não é homossexual, mas tem "vontade de experimentar". E porque não? A maior parte dos homens sente pulsões homossexuais com maior ou menor intensidade, mesmo que lhes custe admiti-lo.

O facto de ter uma experiência com outro homem não quer dizer de todo que se vá tornar homossexual; pode apenas tratar-se de uma simples experiência sensual, uma curiosidade, uma pulsão.

Por um lado existem os homossexuais "puros e duros", que souberam desde muito cedo onde era a sua via; e existem aqueles que demoraram a encontrá-la.

Na realidade, muitos homens tiveram experiências homossexuais durante a adolescência; a maioria orientou-se de seguida definitivamente para a heterossexualidade, mas alguns, após terem dormido com raparigas durante anos, tornaram a voltar-se para os rapazes.

Homens que foram casados durante muito tempo, que tiveram filhos, aperceberam-se um dia que não poderiam ser realmente felizes enquanto não saciassem os seus impulsos homossexuais.

Todos os percursos são possíveis, o importante é encontrar a sua via sem tentar calar as suas pulsões, mas, em vez disso, vivê-las!

Morada

Em Portugal existem várias organizações de *gays*, lésbicas, bissexuais e *transgender*:

– Clube Safo – Ap.95, 2000-029 Santarém; www.clubesafo.com

– Grupo de Trabalho Homossexual (PSR) – Rua da Palma, 268, 1100 Lisboa; tel. e fax: 218882736.

– ILGA Portugal – Rua de São Lázaro, 88, 1150 Lisboa; tel.:218873 918; fax: 218873922; www.ilga-portugal.org

O lado deles

– Opus Gay – Rua Ilha Terceira, 34, 2º, 1000 Lisboa; tel.: 213151396 / 962400017 / 966743308; www.opusgayassociation.com

■ *Ver também* Gay, *Gay pride*, Sair do armário, Lesbianismo.

Ide

- Idade (das primeiras relações)
- Impotência
- Incesto
- Inibição do desejo sexual
- Interior das coxas
- IVG

O lado deles

Idade
(das primeiras relações sexuais)

Em Portugal, a média de idade para as primeiras relações sexuais, tanto para rapazes como para raparigas, é à volta dos 17 anos. É consideravelmente mais baixa do que há vinte anos atrás.

Como se trata de uma idade média, é inútil torturar-se se ainda for virgem aos 19, 20 ou mais anos. Não é nenhuma corrida nem nenhum desafio, do género: "É imprescindível que vá para a cama com uma rapariga antes dos 18 anos!"

Não ligue demasiado às histórias que os outros contam: muitas vezes é difícil distinguir a verdade da bazófia!

O importante é sentir-se pronto, decidido. O resto vem por si só, é apenas uma questão de sorte, dos encontros que se tem.

■ *Ver também* Perda da virgindade, Primeira vez.

Impotência

A impotência é a impossibilidade, momentânea ou definitiva, de se ter uma erecção.

Aparentemente, trata-se da principal angústia dos homens! Ainda mais traumatizante que a ejaculação precoce ou não se conseguir recomeçar logo após uma primeira ejaculação. Os responsáveis por isto? O mito do macho "sempre pronto" e principalmente os filmes pornográficos, responsáveis por muita da "cultura sexual" de uma grande maioria de homens e mulheres. E aí apenas se vêem sexos erectos, sem tempos mortos, sem tempo de recuperação, sem falhas... mas está tudo na montagem!

Mitos caducos

Os mitos mais antigos têm a vida dura. Entre eles, o da fecundidade da mulher e o da potência do homem. Isso explica o profundo mal-estar que sentem as mulheres que não podem ter filhos biológicos e a angústia dos homens à ideia de nunca mais terem uma erecção...

Mas não basta sempre um pequeno estímulo para provocar uma erecção. Existem numerosos factores que podem criar problemas à erecção, da simples falha à verdadeira impotência.

A impotência temporária é felizmente a mais comum. As suas causas são múltiplas.

O tabaco

Entope as pequenas artérias do pénis, o que entrava a sua irrigação e impede a erecção.

O álcool

Provoca um entorpecimento geral, pouco propício às proezas sexuais e sobretudo, em grandes quantidades, leva à deterioração dos nervos da verga.

Os medicamentos

Alguns medicamentos, nomeadamente os calmantes ou os antidepressivos, podem provocar ausência de desejo, dificuldades de erecção ou mesmo impotência. Leia com atenção o papel informativo: a menção "perturbações passageiras da libido" pode figurar na lista das precauções sobre o seu uso e nos efeitos secundários destes medicamentos.

A boa notícia é que nos casos de impotência derivada da tomada de medicamentos, o tratamento é fácil, pois tudo volta ao normal com o fim do tratamento.

O stress

Age directamente sobre a libido e pode gerar falhas de erecção, na sua maioria passageiras. A saber: o stress também tem consequências (negativas) no número, mobilidade e morfologia dos espermatozóides!

A fadiga geral

Um estado de grande fadiga pode provocar uma perda de desejo e uma impotência temporária. A solução é mudar de ritmo de trabalho, ou dormir bem uma noite inteira! Tudo voltará ao normal.

Tudo isto ao mesmo tempo

Tem um horário de trabalho impossível, mas para arejar as ideias sai muito à noite. Um copo, depois outro, alguns cigarros... De volta a casa, pelas 3 da manhã, não consegue dormir.

Então lá vai um pequeno calmante... Não se admire, portanto, de não estar muito em forma na cama. O que é de admirar é a sua amiga ainda lá estar!

As soluções

Um pouco de repouso deveria chegar. Senão, ver se resulta parar com o álcool e o tabaco. Ainda nada? Talvez seja necessária uma visita ao médico. No caso de um problema sério, ele dispõe de vários tipos de intervenção.

As injecções intracavernosas

Trata-se de auto-injecções de prostanglandina directamente na verga, que provocam uma erecção cerca de dez minutos mais tarde. Este tratamento de choque está reservado para os casos de impotência neurológica ou vascular.

A bomba de vácuo

Coloca-se sobre a verga e permite criar um vácuo que se enche de sangue e que assegura uma erecção, puramente mecânica, durante cerca de meia hora.

Este tratamento não tem efeitos secundários, mas é aplicável apenas a casos extremos.

A química

Felizmente existem pílulas milagrosas, igualmente eficazes, muito mais fáceis de usar e menos traumatizantes! Apenas são vendidas mediante receita médica, mas isso não é suficiente para evitar alguns acidentes. É essencial respeitar as doses prescritas. Não é tomando uma dose dupla que se terá uma erecção duas vezes melhor ou o dobro do tempo… Pelo contrário, o abuso arrisca-se a criar problemas reais de irrigação e provocar lesões irreversíveis.

Números

Alguns números, para relativizar as coisas:

– um homem em cada cinco tem problemas de erecção;

– para um homem em cada dez, a erecção não é suficiente para permitir a penetração.

Pois é, isto é que é a normalidade, não o mundo dos filmes pornográficos!

Incesto

O facto de ter relações sexuais ou dormir com alguém da família próxima, no caso de um homem com a sua própria filha ou sobrinha...

O incesto é evidentemente punido pela lei, dado que implica muitas vezes crianças jovens e configura um abuso de autoridade: é muito difícil para uma criança recusar alguma coisa a um adulto da sua própria família.

O incesto é de prova difícil: as crianças que são vítimas não conhecem os seus direitos e muitas vezes têm medo de castigos, se falarem...

A reacção acontece a maior parte das vezes muito tarde, às vezes depois de anos de incestos repetidos. É uma decisão liberatória difícil de tomar: não é fácil para uma filha acusar o seu próprio pai, e muitas vezes a família faz tudo para deixar passar o incidente em silêncio. As coisas mudam, felizmente, e a palavra das crianças é cada vez mais tida em conta pelos educadores e pela justiça: nas escolas, por exemplo, sessões de sensibilização permitem às crianças exprimir-se, evitando que caiam na cilada dos abusos sexuais de toda a espécie de que poderiam ser vítimas.

Inibição do desejo sexual

A ausência de libido ou de desejo pode ser de curta ou longa duração, tudo dependendo das razões que a motivem. Na maior parte dos casos desaparece pouco a pouco. Em casos graves, se os sintomas se mantiverem durante muito tempo, o melhor é consultar um médico ou um sexólogo para fazer o ponto da situação: quanto mais cedo se tratar uma desordem deste género menos hipótese há de deixar sequelas.

Razões

A inibição pode estar ligada ao consumo de medicamentos, como por exemplo tranquilizantes demasiado eficazes: quando se pára o tratamento, o desejo reaparece.

A perda do desejo também pode surgir em caso de depressão, mesmo que ligeira, ou na sequência de um acontecimento particularmente traumatizante, como uma ruptura sentimental dolorosa. Subitamente a vida torna-se baça, a vontade de fazer amor desaparece – tal como a vontade de comer bem ou de festejar.

Outra causa para a inibição, não tão rara como isso: o facto de um jovem pai assistir ao parto da sua companheira, quando as coisas não correm muito bem. Inconscientemente, ele associa a ideia de fazer amor à dor da sua companheira, ao sangue, aos gritos, ao hospital... Mas não se preocupe, porque na esmagadora maioria das vezes tudo volta rapidamente ao normal!

Alguns números

A inibição afecta cerca de 60% das mulheres e apenas 10 a 15% dos homens. Números que parecem difíceis de acreditar, mas que consultas a sexólogos confirmam... As razões para isto? Os homens são os principais responsáveis: as mulheres queixam-se muitas vezes do aspecto "dever conjugal" das suas relações sexuais, e do facto de o homem não se preocupar realmente em dar prazer à sua parceira... Para bom entendedor... Ah, se este livro o pudesse ajudar a fazer mentir os números!

Interior das coxas

Mais uma zona particularmente sensível, que pode ser facilmente esquecida! O interior das coxas, doce e morno, deve ser percorrido com longas carícias ou pequenos beijos, subindo, descendo, tornando a subir...

Outras zonas erógenas?

■ *Ver também* Axilas, Ânus, Boca, Cabelos, Pescoço, Umbigo, Orelhas, Períneo, Ponto G, Mamilos.

IVG

Sigla de "Interrupção Voluntária da Gravidez", ou seja, aborto.

Para mais informações sobre o assunto, veja o capítulo IVG na parte delas.

Kde

Kama Sutra

O lado deles

Kama Sutra

Toda a gente pensa que o Kama Sutra é uma espécie de catálogo de todas as posições que um homem e uma mulher podem adoptar quando fazem amor.

Na realidade, mesmo que descreva 529 (!) posições, algumas das quais bastante acrobáticas e complexas, o Kama Sutra é muito mais sério do que parece. Foi escrito nos séculos III ou IV da nossa era por um sacerdote indiano chamado Mallinaga Vatsyayana. Trata-se portanto de um livro sagrado, que explica a importância da sexualidade nas relações entre homens e mulheres.

Quando se fala de relações sexuais entre um homem e uma mulher está a falar-se de possibilidades de fecundação, de nascimento, de perpetuação da vida. Visto sob este ângulo, o facto de se fazer amor é uma forma de nos colocarmos no ciclo universal da vida, feito de uma sucessão de nascimentos e mortes.

O livro de Kama

O Kama Sutra é uma espécie de manual que explica aos homens e às mulheres como viverem juntos segundo os preceitos de Kama, o deus hindu do amor. Kama é um belo jovem, armado com um arco e um laço que lhe permite atingir os corações à distância. Invisível e muito poderoso, ele proporciona aos homens as maiores alegrias... mas também as maiores afeições.

O Kama Sutra fornece também algumas receitas mágicas para seduzir uma mulher rebelde, recuperar uma amante fugitiva, ou reencontrar o vigor juvenil...

Estuda em pormenor a estratégia da sedução e a compatibilidade dos caracteres do homem e da mulher.

Descreve também um mundo maravilhoso, onde se passa a vida em festas, em concertos, e onde a mulher ocupa um lugar de destaque, um pouco à semelhança do amor cortês da Idade Média.

O lado deles

Eis, por exemplo, a descrição de um encontro amoroso.

Aquando de uma festa entre amigos, um rapaz e uma rapariga conversam de tudo e de nada, dançam, cantam e tocam música. Noite fora, quando os convidados se foram já embora, eles fazem amor num quarto perfumado e repleto de flores... A seguir cada um deles vai à casa de banho, antes de se encontrarem num terraço, ao luar. Falam, petiscam qualquer coisa, bebem um pouco. A rapariga estende-se sobre algumas almofadas e pousa a cabeça nos joelhos do seu amante, que lhe descreve as constelações, a estrela polar, a estrela da manhã...

Pois bem, isto também é o Kama Sutra!

O Kama Sutra explica ainda como se comportar em situações eróticas precisas. Por exemplo, se o homem teve prazer mas não a sua parceira, ele não se deve mostrar egoísta e deve continuar a ocupar-se dela acariciando-a com ternura. Ele pode por exemplo acariciar a sua vulva com a mão, "como o elefante com a sua tromba"...

O livro ensina a delicadeza: durante os primeiros dez dias de casamento, os jovens esposos não devem ter relações sexuais, mas aprender pouco a pouco a conhecer-se, a ter confiança um no outro.

Faz-se a corte de uma forma terna e poética: joga-se às cartas, entrançam-se grinaldas de flores, dão-se pequenos presentes...

Mas também lá se encontram informações muito mais terra a terra. Para obter dinheiro do seu amante, uma mulher pode dizer-lhe que lhe roubaram as jóias, ou que não pode aceitar um convite porque não tem nada para oferecer aos donos da casa...

Para se ver livre do seu amante, basta pedir-lhe para fazer amor, quando ele está visivelmente cansado e sem vontade: é fácil em seguida censurar-lhe a falta de ardor...

Felizmente, um pouco de magia permite contrabalançar estas manigâncias. Se um homem não se sente muito em forma, pode sempre beber um pouco de leite açucarado no qual se cozeu um testículo de carneiro ou de bode... Para submeter completamente uma mulher à sua vontade, ele deve untar o sexo com uma mistura de pimenta moída e mel, antes de fazer amor com ela. Pimenta na glande... quem quer experimentar?!

Lebres, éguas e elefantes

O Kama Sutra também tem as suas receitas para um bom entendimento sexual. Segundo a obra, os homens dividem-se em três categorias, segundo o tamanho do seu sexo: em ordem crescente, há o "homem-lebre", o "homem-touro" e o "homem-cavalo". Para as mulheres, é a profundidade da vagina que é determinante: "mulher-corça", "mulher-égua" ou "mulher-elefante"...

Claro que nem todas as misturas são recomendáveis: as uniões cavalo/égua ou cavalo/corça funcionam bem, mas não égua/lebre...

SM à indiana

As mordidelas e as arranhadelas (durante uma noite de amor) eram aparentemente muito apreciadas. As arranhadelas têm todas nomes: a meia-lua para a marca de uma só unha, o salto da lebre quando as cinco unhas deixaram o seu sinal. Um arranhão curvo é uma garra de tigre, e cinco marcas paralelas formam uma pata de pavão.

As mordidelas podem ser de pontos em linha, quando todos os dentes deixaram marca, ou mordidela de javali, quando aparecem várias marcas vermelhas concêntricas. Estas feridas minúsculas são consideradas marcas de amor cujo portador tem orgulho em exibir, enquanto que no Ocidente a tendência seria para escondê-las...

Portanto, um livro a ler?

Sim! O Kama Sutra é um tratado apaixonante, onde se aprende que há dezassete séculos os homens e as mulheres já tinham as mesmas angústias, as mesmas manhas e as mesmas estratégias que nós...

E quanto às posições?

■ *Ver* A cavalo, Sentados, Elevador, Colheres, *Fellatio*, Galga, Liana, Masturbação a dois, Missionário, Missionário invertido, Armadilha da serpente, Sessenta e nove.

L de

Lábios ▪ Lesbianismo ▪ Liana ▪ Libido ▪ Lingerie

O lado deles

Lábios

■ *Ver também* Órgãos genitais da mulher.

Lesbianismo

O lesbianismo designa a homossexualidade feminina; também se usa por vezes o termo safismo, mais literário.

As duas palavras estão na realidade muito próximas: Safo era uma poetisa da Antiguidade grega, que escreveu versos a falar do amor entre duas mulheres. E nasceu em Lesbos, uma pequena ilha grega.

Liana

Você está sentado direito e ela vem sentar-se em si – enfim, no seu sexo – , enrola as pernas à volta dos seus rins e os braços à volta dos seus ombros, exactamente como uma liana ou um braço de hera a rodear um tronco de árvore. Nesta posição, as zonas de contacto entre os corpos são mais numerosas. Ela permite uma penetração mais profunda e põe em contacto a verga e o clítoris.

Pode acariciar alternadamente as suas costas e as suas nádegas, enquanto a beija e brinca com os seus seios, que lhe chegam mesmo ao nível do rosto: não faltam zonas erógenas para explorar!

Outras posições?

■ *Ver também* A cavalo, Sentados, Elevador, Colheres, *Fellatio*, Kama Sutra, Galga, Masturbação a dois, Missionário, Missionário invertido, Armadilha da serpente, Sessenta e nove.

Libido

O desejo sexual, a vontade de fazer amor. A libido tem naturalmente altos e baixos, em função de diversos parâmetros como a idade, o cansaço, a tomada de certos medicamentos, o stress, etc.

■ *Ver também* Inibição do desejo.

O lado deles

Lingerie

Rendas, uma camisa de noite transparente, uma alça que escorrega do ombro... Há sempre algo de terrivelmente erótico na lingerie! O corpo não está propriamente nu, não completamente oferecido, ainda há qualquer coisa para tirar, temos a impressão de entrar na intimidade da nossa parceira...

Muitas mulheres apreciam a lingerie fina, tanto para seu próprio prazer como para o do seu amante. Se não for esse o caso da sua parceira, não cometa o erro de ser demasiado óbvio, oferecendo-lhe um fio dental de renda ou um soutien para colocar os seios em evidência, mesmo se morre de vontade de a ver usá-los! Em vez disso, leve-a a lojas, e diga-lhe que adoraria vê-la usar esta ou aquela peça um pouco mais ousada. Se ela não tem muita coragem para usar roupas mais sexy, tranquilize-a, peça-lhe para experimentar só uma vez... Se a experiência tiver sucesso, os vossos pequenos jogos ganharão certamente com isso um suplemento picante, e ela terá ganho confiança. Suficiente até para lhe pedir a si para também experimentar. Não rendas, claro, mas roupa interior sexy. Também existe para homem, sabia?

Outras fantasias?

■ *Ver também* A vários, Bondage, Exibicionismo, Fetichismo, Sadomasoquismo, Sodomia, Voyeurismo.

M de

Mamilos ▪ Masoquismo ▪
Masturbação ▪
Masturbação a dois ▪
Missionário ▪
Missionário invertido ▪
Molas de roupa

Mamilos

A ponta dos seios é uma zona extremamente sensível, por causa da delicadeza da pele nesse sítio. É também, já o terá reparado, uma zona eréctil, que se contrai e endurece ao menor contacto, o que não deixa de ser particularmente excitante, e de pôr em marcha o mecanismo do desejo: o mamilo acariciado, lambido ou chupado empina-se, estica-se de prazer, e este espectáculo só aumenta o desejo do outro... Simples afloramentos com a ponta dos dedos podem provocar vagas de um prazer um pouco irritante, sobre o qual não sabemos bem se gostaríamos que parasse ou que se amplificasse: é a subida do desejo!

Jogos de língua

Receita: pouse delicadamente na ponta do seio um pouco de iogurte, duas gotas de doce ou de mel: a lamber gulosamente antes que caia sobre os lençóis! Aos homens lembra sem dúvida as delícias das suas primeiras mamadas; às mulheres desperta talvez o seu lado maternal para com o seu parceiro... Um grande clássico dos jogos eróticos.

Outras zonas erógenas?

■ *Ver também* Axilas, Ânus, Boca, Cabelos, Pescoço, Costas, Interior das coxas, Umbigo, Orelhas, Períneo, Ponto G.

Masoquismo

Termo derivado do nome de Leopold von Sacher-Masoch, um escritor austríaco do século XIX. Ele é nomeadamente o autor de um romance intitulado *A Vénus das Peles*, cujo herói tem prazer em ser tiranizado por uma mulher. Uma história muito inspirada pela própria experiência de Sacher-Masoch: a sua mulher aparentemente quis ser chamada pelo mesmo nome que a heroína da obra.

O masoquismo é uma preferência sexual que consiste em ter prazer com a dor. Existem evidentemente vários graus no masoquismo, que pode ir da simples palmada no rabo à submissão total.

O lado deles

São jogos reservados a adultos e perfeitamente conscientes daquilo que fazem. É igualmente necessária, claro, uma confiança absoluta entre os parceiros.

O masoquismo, tal como o sadismo, que o completa, e o sadomasoquismo, resulta na maior parte das vezes em encenações e em jogos muito complexos, que utilizam uma panóplia de acessórios especializados, cenários e roupas particulares, etc. Um arsenal que não está acessível a todos: é por esta razão que a maioria dos encontros sadomasoquistas tem lugar em clubes especializados, extraordinariamente rigorosos quanto às motivações e seriedade dos seus aderentes.

■ *Ver também* Sadismo, Sadomasoquismo.

Masturbação

Toda a gente faz, mas ninguém fala disso: ela merece no entanto que lhe consagremos um capítulo. Ela, quem? A masturbação, claro! Uma palavra que não soa muito bem, que arrasta atrás de si um rosário de proibições, de silêncio e de vergonha. E no entanto, não há nada de mais natural. E mesmo mais: nada de mais necessário...

Antigamente, nos internatos, as crianças deviam dormir de costas, com as duas mãos por cima dos lençóis, por medo que elas se perdessem sob a roupa à procura de prazeres solitários... As coisas mudaram actualmente (pelo menos é o que esperamos), mas os tabus são persistentes. Faça você mesmo esta experiência: escreva – mesmo que só mentalmente – as palavras que lhe vêm espontaneamente à cabeça quando pensa em "masturbação". Reflicta... E então? Pensou com certeza em expressões como "vergonha", "solidão", "culpabilidade", ou "mal f...", não foi?

E no entanto, é sinal que tudo vai bem! É sinal que o corpo se desenvolveu o suficiente para que os órgãos sexuais estejam no sítio e funcionem perfeitamente, sinal que a infância acabou e que um novo período da vida começou.

O lado deles

Imaginaria não experimentar um carro novo? Ou não folhear um livro acabado de comprar? Para o corpo a masturbação é um pouco a mesma coisa. Apercebemo-nos que o corpo tem pulsões, que certos gestos, certos movimentos nos dão prazer. Um dia acordamos em plena erecção ou deixámos, sem nos apercebermos disso, uma mancha nos lençóis; mais tarde descobrimos que uma imagem ou uma ideia é capaz de desencadear na barriga e em todo o corpo um arrepio sensual muito agradável. Porquê recusarmos a nós próprios esse prazer?

A masturbação é um excelente meio de conhecer o seu corpo e de notar as suas reacções. Lembre-se também das imagens que lhe atravessam a cabeça nos momentos mais quentes: elas reflectem as suas fantasias mais secretas.

Ideia feita

Esta não tem a vida nada fácil: a masturbação provocaria a surdez, ou a cegueira, ou a impotência, dependendo das versões... Trata-se de uma pura invenção de contínuo de internato: não há qualquer perigo! Portanto, descontraia-se, mande passear todas as ideias feitas e ofereça-se este prazer... Já reparou como dorme muito melhor, "depois"?

A masturbação também permite conhecer melhor as suas reacções, os seus desejos, e de controlar em certa medida as suas pulsões, a fim de as coordenar com as da sua parceira.

Como

Todos os rapazes reinventam espontaneamente os gestos da masturbação: o movimento de baixo para cima, com os dedos à volta da verga e a glande descoberta. Descobre-se assim um monte de coisas: que a zona mais sensível se situa ao nível da glande; que os movimentos rápidos aceleram a vinda do desejo e precipitam a ejaculação e que os movimentos mais lentos abrandam a excitação; e que os testículos e a zona compreendida entre eles e o cimo das coxas são também zonas muito sensíveis.

Estas constatações muito simples serão de grande utilidade aquando das relações sexuais – sobretudo das primeiras vezes. Diminuir a cadência permite acalmar um pouco os seus ardores e fazer "durar o prazer"; após a ejaculação, a glande permanece uma zona muito sensível, que deve ser tratada com cuidado.

Precauções

Não, não se trata de precauções de ordem médica, mas... prática. O que fazer ao esperma que vai jorrar no momento da ejaculação?

Pense na melhor maneira de o limpar: tenha à mão – a livre... – alguns lenços de papel ou uma toalha.

Quantas vezes?

Não há naturalmente regras na matéria, tudo dependendo da idade e do temperamento de cada um. Alguns adolescentes sentem a necessidade de se masturbar três ou quatro vezes por dia, outros muito menos. Não há norma possível, dado que cada pessoa tem pulsões sexuais diferentes.

No duche

Como é sabido, a casa de banho é um lugar privilegiado do erotismo... talvez simplesmente porque seja a única parte da casa, juntamente com o quarto, onde podemos estar todos nus! Trata-se também muitas vezes, durante a adolescência, do único local onde se pode ter um pouco de intimidade.

A água quente que escorre por todo o corpo, o sabonete que faz crescer a espuma sobre a pele e à volta do sexo, fazem nascer ideias de prazer que regra geral não demoram a ser concretizadas.

A adolescência e depois

As práticas sexuais solitárias não cessam bruscamente a partir do momento em que se encontra uma parceira. Ninguém fala disso, mas muitas pessoas masturbam-se durante toda a sua vida adulta, por razões diversas: ociosidade, impulsos sexuais mais imperiosos que os da parceira, ausência momentânea da parceira, uma pequena fantasia que passa pela cabeça...

O lado deles

Não há que ter absolutamente nenhum complexo: sofremos todos do mesmo mal!

Masturbação a dois

Os benefícios da masturbação foram devidamente explicitados no capítulo anterior; aqui irá tratar-se da masturbação, já não solitária, mas a dois.

A masturbação a sós é uma questão de escutar os seus próprios ritmos, as suas próprias vontades; permite encontrar, com um bocadinho de prática, um caminho cómodo e directo para o prazer. As coisas complicam-se quando se trata de nos consagrarmos ao prazer do outro, cujo corpo, reacções e forma de encontrar o prazer não são os nossos.

Masturbar a parceira pode ser uma experiência muito agradável. É uma forma de nos dedicarmos inteiramente ao prazer dela, com a satisfação de sentir a sua excitação e prazer a crescerem.

E se o rapaz teve prazer antes de ter levado a sua parceira ao orgasmo, esta pequena delicadeza evitar-lhe-á um compreensível sentimento de frustração ...

Provavelmente não gostaria – e no entanto, talvez sim, quem sabe – que ela lhe saltasse imediatamente para a braguilha e se aplicasse a provocar-lhe uma erecção. Lembremo-nos que as mulheres ainda são menos directas que os homens, e que o trilho que leva às partes mais íntimas da sua anatomia se inicia antes pelo pescoço, pelos seios, pela barriga, pelo interior das coxas...

Estes preliminares são essenciais e têm um grande papel no crescimento do desejo e da excitação. Inversamente, se eles não tiverem lugar, a vontade de fazer amor pode baixar de intensidade... até desaparecer. Não era bem isso que se pretendia!

Consideremos que leu atentamente o capítulo dedicado aos preliminares. As suas carícias descontraíram-na, ela está deitada de costas e você está estendido a seu lado, apoiado sobre um cotovelo. Está pronto para começar.

O lado deles

Seja ousado!

Faça deslizar uma mão até ao sexo dela, acaricie-o suavemente, e a seguir concentre as suas carícias no clítoris. Fique bastante tempo nesta zona hiper--sensível. Esteja atento às suas reacções: se estiver tudo bem, continue. Mas se ela parecer preferir outra coisa, introduza levemente um dedo, convenientemente húmido, na sua vagina. Depois, dois dedos...

Outra opção é levá-la calmamente até à beira da cama. Ponha-se de joelhos no chão em frente às suas pernas abertas, e acaricie suavemente, com a língua, os grandes lábios e o clítoris. Fica com as mãos livres para lhe acariciar a barriga e as coxas.

Outras posições?

▓ *Ver também A* cavalo, Sentados, Elevador, Colheres, *Fellatio*, Kama Sutra, Liana, Masturbação, Missionário, Missionário invertido, Armadilha da serpente, Sessenta e nove.

Missionário

É sem dúvida a posição mais tradicional e a mais praticada, mas pode reservar algumas surpresas...

Existem duas explicações para a origem do nome desta posição. A primeira diz que esta posição bastante conservadora era a única que os missionários autorizavam aos habitantes dos países exóticos para onde tinham ido evangelizar, certamente por acharem que as outras posições eram demasiado animalescas ou bizarras para serem recomendáveis. Ou então já saberiam que se trata de uma das posições mais favoráveis à concepção, a única justificação aos seus olhos da actividade sexual...

Segundo uma outra versão, o termo deriva dos habitantes de certas ilhas da Polinésia, que achavam muito cómica a maneira como os pastores que os tinham vindo converter faziam amor com as suas mulheres, um em cima do outro. Qual é a versão correcta? A primeira parece mais verosímil, dado que a segunda subentende que os valentes evangelizadores teriam alguma tendência exibicionista, pouco compatível com a dignidade das suas funções...

Mas voltemos à nossa posição. A mulher está deitada de costas e o seu parceiro está estendido sobre ela. Estendido e não espojado, o que implica apesar de tudo que ele seja suficientemente forte de braços para suportar o peso do seu torso e não esmagar a sua parceira. O que é muito sensato se ele for corpulento e a sua companheira mais para o frágil!

A posição do missionário é, juntamente com a da liana (ver esta palavra), a que assegura o máximo de contacto entre as duas epidermes: as pernas, os abdomens e as partes genitais, claro, mas também o torso. Os dois rostos estão perto um do outro, para se beijarem, se olharem nos olhos, falarem, sussurrarem. E os braços estão livres para se apertarem, abraçarem, acariciarem.

A posição do missionário permite uma penetração profunda, o que é vantajoso para os casais que querem ter um filho. A mulher pode regular a intensidade da penetração levantando em maior ou menor grau as pernas e os joelhos. Quanto mais as pernas estiverem para cima, mais profunda será a penetração.

A posição básica não permite contudo uma boa estimulação do clítoris; também é muitas vezes descrita como demasiado "clássica", ou mesmo sexista. Porquê? Porque a mulher se encontra debaixo do homem, logo em posição de "inferioridade", imobilizada pelo peso do macho dominante... Mas um pouco de flexibilidade e de imaginação podem facilmente contrariar estas ideias antiquadas e proporcionar imenso prazer...

A tentar

Erga-se, apoiando-se sobre os cotovelos ou os braços estendidos, de modo a que a sua bacia se cole ao clítoris dela.

E também

Peça-lhe para passar as pernas por cima dos seus ombros. Esta posição alonga a vagina, a penetração será mais profunda e você fará pressão num lugar estratégico: os lábios da vulva e o clítoris.

Então, ainda acha o missionário vulgar e ultrapassado? Ora, pelos vistos ainda tem muito para dar!

Outras posições?

■ *Ver também A* cavalo, Sentados, Elevador, Colheres, *Fellatio*, Kama Sutra, Liana, Masturbação, Missionário invertido, Armadilha da serpente, Sessenta e nove.

Missionário invertido

Está tudo dito no nome! Trata-se efectivamente de inverter os papéis, com a mulher a estender-se, com as pernas apertadas, sobre o homem, deitado de costas e igualmente com as pernas apertadas.

A vantagem desta posição é permitir uma excelente contacto entre a verga e o clítoris, com tudo o que isso significa de excitação para os dois parceiros. Movendo a sua bacia da frente para trás, de um lado para o outro, ou em movimentos circulares, a mulher doseia a sua excitação e franqueia um a um, ao seu próprio ritmo, todos os patamares do prazer...

Outras posições?

■ *Ver também* A cavalo, Sentados, Elevador, Colheres, *Fellatio*, Kama Sutra, Liana, Masturbação, Missionário, Armadilha da serpente, Sessenta e nove.

Molas de roupa

De madeira ou de plástico de todas as cores, as suas pequenas mandíbulas podem mostrar-se muito cruéis, mas muitos – e muitas – apreciam esta delicada tortura erótica... Uma mola que aprisiona o bico de um mamilo, o lóbulo de uma orelha, o prepúcio. Uma pequena dor comparável à de um beliscão ou mordidela, mas que dura muito, muito mais tempo... e que deixa as mãos livres para outras coisas.

Outros acessórios?

■ *Ver também* Bolas de geisha, Escova de dentes eléctrica, *Cock ring*, Godemiché, Espanador, Rolo da massa, Toalha quente, Vibrador.

N de

"Não, querida, esta noite não!" ■ Ninfomania

O lado deles

"Não, querida, esta noite não!"

Você não está para aí virado, neste momento. Mas ela está…O que é que se passa? Reveja a sua medicação, a sua alimentação… e o seu modo de vida.

A fadiga

Há apenas uma solução: correr para a cama. Se calhar estafou-se de mais estes últimos tempos… deixe-se dormir 7 ou 8 horas de uma vez, isso vai ajudá-lo a estar em forma… amanhã à noite.

O tabaco

Mais vale parar, se tiver coragem e vontade para fazer isso. O tabaco não é ideal para a saúde, como sabe. E no domínio do sexo, também não é grande coisa: ele baixa o nível de testosterona e comprime os vasos sanguíneos, que, como toda a gente sabe, têm um papel essencial na erecção…

Os medicamentos

Cerca de 20% dos problemas sexuais dos homens estão ligados aos efeitos secundários dos medicamentos que estão a tomar. Concretamente: certos antibióticos, certos tratamentos para a asma, para a diabetes, para a hipertensão e para dores de estômago. Os antidepressivos e os betabloqueadores também podem provocar uma queda considerável do desejo.

Um conselho: volte a falar com o seu médico e peça-lhe para lhe receitar um tratamento equivalente, mas sem efeitos secundários...

Os medicamentos (bis)

Certos medicamentos disponíveis sem receita médica (anti-histamínicos, descongestionantes e soníferos ligeiros) são descontractores musculares... e não precisa disso para passar uma boa noite de amor!

A solução: evitar qualquer medicamento que tenha a menção "pode provocar sonolência"...

A depressão

Alguns antidepressivos têm efeitos negativos na libido. Fale disso com o seu médico: talvez ele lhe receite uma dose mais fraca ou o aconselhe a pura e simplesmente suspender o tratamento durante alguns dias. Isso deveria permitir-lhe reencontrar a sua libido "de antes".

O álcool

Graças ao álcool, as inibições desaparecem... e as pulsões sexuais também! Conhece a sua resistência real ao álcool? Dois copos podem chegar para matar a libido. Tenha cuidado com o alcoolismo disfarçado de simples consumo regular: não é preciso cair da cadeira para se ser um verdadeiro alcoólico, um ou dois copos por dia chegam para amolecer os reflexos e os desejos...

A alimentação

Nesta altura anda se calhar a comer um pouco em demasia... E passou a ter pequenos acessos de sonolência de vez em quando. Não admira que, nestas condições, a sua vida sexual actual não seja propriamente espectacular! A solução: lembre-se de comer uma refeição ligeira quando for passar a noite com ela, ou então leve-a a um restaurante vegetariano...

■ *Ver também* Inibição do desejo.

Ninfomania

Nas mulheres, a impossibilidade de ter prazer que leva a ter múltiplos encontros, não pelo prazer, mas para tentar atingir um orgasmo... que nunca acontece.

O de

Onde? ▪ Orelhas ▪
Órgãos genitais da mulher ▪
Órgãos genitais do homem ▪
Orgasmo ▪ Orgasmo (Ausência de)

O lado deles

Onde?

Ah, um quarto de dormir confortável, com uma bonita casa de banho adjacente! É o máximo, não é? Ou prefere a originalidade? Eis algumas pistas e alguns lugares onde pode ser bom passar momentos excitantes. E certamente ainda descobrirá muitos outros!

A casa de banho

Pode tornar-se no espaço de todas as fantasias. Está a tomar banho, de olhos fechados, totalmente relaxado; a porta abre-se e ela entra, como veio ao mundo, com o desejo evidente de um corpo a corpo... A água tem um forte poder erótico: os telediscos e os anúncios usam-na constantemente. E as gotas que escorrem pelos corpos evocam a ideia de férias, de praia, de tempo livre...

No automóvel

O automóvel tem os seus adeptos, muito numerosos apesar de uma óbvia falta de conforto. Mesmo que os bancos traseiros se possam baixar, é um lugar exíguo, apenas para casos urgentes.

Alguns homens transformaram contudo a traseira do carro numa espécie de anexo do quarto e no seu terreno de exercícios preferido – é verdade que pode ser prático, quando ainda se vive em casa dos pais!

Atenção, no entanto, para não passar por um fanático do amor sobre quatro rodas: as sessões amorosas no carro devem ser reservadas a locais discretos, ao abrigo dos olhares, e devem manter um lado de improviso.

Tirar do porta-luvas toalhas, preservativos de todas as espécies, lenços de papel e gel lubrificante poderá fazê-lo passar por um pequeno Don Juan do banco traseiro…

O campo

Um passeio pelo campo, um pequeno caminho, alguns arbustos… Cuidado para não fantasiar demasiado o lado idílico do recanto da clareira inundada de sol, bem protegida por grandes árvores… Pense também nas pequenas ervas secas cujo contacto não é muito agradável, nos insectos curiosos de mais… E se ficasse todo picado num instante? Não é lá muito sexy. Apetreche-se com um cobertor grande, faça um tapete com as suas roupas, ou… espere até chegar a casa.

A praia

Ah, a praia, o Verão! A libido que desperta, os encontros, e todos aqueles corpos quase nus, bronzeados, que passam e tornam a passar como quem não quer a coisa diante de si, que está tão repousado, tão disponível!

É sempre possível eclipsar-se durante alguns instantes nas dunas ao longo da praia. Atenção no entanto à areia… e aos preservativos usados e lenços de papel que juncam o chão em certos locais particularmente frequentados. Os seus ardores – e os dela – arriscam-se a fundir como neve ao sol: dar umas cambalhotas num sítio onde já tanta gente deu, realmente…

Resta o banho de meia-noite que "degenera" num corpo a corpo amoroso. Uma fantasia com uma vida dura, por causa do seu lado romântico. Mas atenção aos grãos de areia, que se insinuam... por todo o lado. E já agora, também atenção aos outros casais que tiveram a mesma ideia: nalgumas praias de Verão, há quase tanta gente ao luar como ao meio-dia! E lá se vai o romantismo todo...

E também

Em caso de vontade súbita, irreprimível, existe sempre a mesa da cozinha, como no filme *O Carteiro Toca Sempre Duas Vezes*. Não esqueçamos a carpete da sala nem as casas de banho dos bares, restaurantes, discotecas... ou em casa de amigos. Fora de casa? Porque não um jardim público durante a noite, ou um portão de garagem? À excitação puramente sensual e sexual junta-se o medo de serem surpreendidos. A necessidade de se despacharem – mas bem! – pode constituir um picante adicional. Tenha é sempre atenção ao ultraje aos bons costumes e ao exibicionismo, pesadamente punidos pela lei. Portanto, pondere se não podem mesmo esperar até estarem em casa...

O lado deles

Orelhas

Alguns praticantes de medicinas alternativas vêem na orelha a imagem de um feto, e para eles cada parte da orelha está em relação com uma parte do corpo, como a cabeça, as costas, as mãos, os pés, etc.

Limitemo-nos ao aspecto puramente sensual das nossas orelhas: elas não são apenas simples órgãos de audição, a sua pele é extremamente fina, sobretudo ao nível do lóbulo...

Pode mordiscar, chupar e lamber o lóbulo das orelhas da sua parceira, ou dar-lhe pequenos beijos ternos. Mas cuidado com os beijos demasiado junto ao canal auditivo, que podem causar um ruído ensurdecedor – a não ser para brincar, claro.

Ao acariciar-lhe os cabelos, também pode passar suavemente, regularmente, toda a palma da mão sobre a orelha. Uma carícia muito lenta, muito ligeira, muito relaxante. Experimente-a você mesmo: passar devagar os dedos pelo pavilhão da orelha causa um ruído longínquo, abafado, um pouco como os que se ouvem quando temos a cabeça debaixo de água. Um ruído doce, quase marítimo, que descontrai e tranquiliza.

Mas atenção! Alguns homens julgam-se grandes amantes porque espetam com a língua, quente e molhada, até ao fundo da orelha da sua parceira... Isto está longe de ser apreciado por toda a gente! Mordisque, beije, lamba tanto quanto queira, mas evite estes golpes de língua à cão: arrisca-se a acabar a noite no sofá!

Outras zonas erógenas?

■ *Ver também* Axilas, Ânus, Boca, Cabelos, Pescoço, Interior das coxas, Umbigo, Costas, Períneo, Ponto G, Mamilos.

Órgãos genitais da mulher

Primeira constatação: o aparelho genital da mulher é mais complexo que o do homem. Pode falar-se de órgãos externos e de órgãos internos.

Exame de pormenor

Os órgãos externos constituem o que se chama vulva. Trata-se dos grandes lábios, duas dobras de carne recobertas de pêlos; elas encobrem os pequenos lábios, constituídos, tal como a verga, por um tecido esponjoso que incha com sangue no momento da excitação; os pequenos lábios tornam-se nessa altura vermelhos e mais grossos.

Como a natureza está bem feita, eles contêm glândulas que têm por missão segregar um líquido capaz de lubrificar a vagina e de facilitar desse modo a penetração.

Falemos agora do hímen, que é uma espécie de pequeno véu que cobre a abertura da vagina. Esta membrana está perfurada por pequenos buracos que permitem que o sangue corra na altura do período. Esta parte do corpo da mulher é uma zona um pouco tabu: o hímen intacto na altura do casamento foi considerado durante muito tempo – e é ainda o caso de certas sociedades mais "tradicionais" – como garantia de a jovem ser virgem.

A perda da virgindade implicava necessariamente a perfuração desta membrana, um rompimento mais ou menos doloroso, e mais ou menos sangrento, também. A presença de sangue nos lençóis na noite de núpcias significava a perda da virgindade; em certas regiões do mundo estes lençóis manchados ainda são exibidos como prova de que a rapariga era realmente virgem quando se casou... e que o seu esposo cumpriu. Nem vale a pena insistir no que tudo isto pode ter de humilhante para a jovem...

O hímen pode muito bem ter-se rompido sozinho durante a infância ou a adolescência, consequência de algum exercício físico mais intensivo, ou por causa do uso de tampões higiénicos.

Continuemos a nossa exploração. Entre o ânus e a vagina encontra-se uma pequena zona de pele muito sensível às carícias, o períneo. Os homens também têm um períneo, tão sensível como o das mulheres, situado entre o ânus e os testículos.

Por cima da abertura da vagina está a uretra, que permite urinar.

O lado deles

Encimando a vulva temos o clítoris, que é sem dúvida a zona mais sensível do corpo da mulher. A parte visível tem o tamanho de uma ervilha, coberta de uma membrana de pele. É a parte emersa, se assim se pode dizer, de um órgão que se prolonga no interior do corpo e que mede cerca de dez centímetros. Quando é estimulado, o clítoris enche-se de sangue, enrijece e torna-se muito sensível: comporta-se exactamente como um pequeno pénis! Mas enquanto que a verga serve para urinar, para além do seu papel nas relações sexuais, o clítoris tem por única função dar prazer!

Esta parte do corpo é extremamente sensível a todos os estímulos, carícias com a ponta dos dedos ou com a ponta da língua.

Este "pénis secreto" das mulheres, este órgão de puro prazer, nunca deixou de atrair a atenção dos homens, embora nem sempre por boas razões: em vários países do mundo – como ainda é o caso em certas regiões africanas – em que a tradição exige que se corte o clítoris das raparigas jovens – o que se chama excisão – para as impedir de ter demasiado prazer com as relações sexuais!!!

Terminemos este pequeno texto com a vagina. Trata-se de uma espécie de tubo, com paredes de músculos, que tem a capacidade de se dilatar, de se ampliar e portanto de se adaptar à dimensão e à grossura da verga do parceiro. Um pouco de vocabulário? A palavra vagina descende em linha recta de um termo latino que significa "estojo", "bainha". A bainha que acolhe uma espada: o símbolo é claro!

Os músculos que revestem a vagina contraem-se no momento da penetração e retêm o sexo do homem: os primeiros vaivéns são muitas vezes os mais agradáveis para os dois parceiros, dado que a fricção da verga contra as paredes da vagina é mais intensa. Pouco a pouco, os músculos vaginais vão-se descontraindo, à medida que o corpo se abandona e que os parceiros atingem uma espécie de "ritmo de cruzeiro". No momento do orgasmo, as paredes contraem-se violentamente, por sacudide-las, provocando ondas de um prazer intenso.

O lado deles

Órgãos genitais do homem

Parece-lhe supérflua uma pequena lição de anatomia? Leia na mesma...

Os órgãos genitais masculinos são os mais fáceis de estudar, simplesmente porque são os mais visíveis.

O sexo do homem é composto pela verga, que culmina na glande; na base da verga, um pequeno saco, as bolas ou escroto, que cobrem os testículos.

Não é propriamente um segredo que a verga serve para urinar: a urina passa pela uretra, um pequeno canal que também transporta o esperma na altura da ejaculação. Outra evidência? As mulheres possuem dois orifícios diferentes: a uretra, que apenas serve para urinar, e o vestíbulo da vagina, por onde a verga penetra durante o coito.

A glande está coberta de uma pele, o prepúcio – a não ser que tenha sido circuncidado, em cujo caso essa pele foi cortada na mais tenra infância. Na altura das relações sexuais, o prepúcio desliza para baixo e descobre a glande, que é a zona mais sensível do sexo, porque é muito rica em terminações nervosas. No limite entre a verga e a base da glande, no meio da verga, encontra-se uma pequena prega de pele, o freio.

O corpo da verga é constituído por tecidos erécteis; a excitação fá-los encher-se de sangue até endireitar a verga, que aumenta de volume e de dimensão: fica pronta para passar à acção! No momento da ejaculação, o esperma é projectado para fora da uretra por uma série de contracções musculares.

Pronto, já está! Após a ejaculação, é necessário esperar um pouco – entre alguns minutos a algumas horas, conforme a idade e a forma física em geral – antes que os estímulos eróticos consigam voltar a dar todo o seu vigor à verga. Os homens não conseguem portanto sentir orgasmos múltiplos: eles estão limitados pelo tempo de reacção do seu sexo...

O nosso exame de pormenor está quase no fim. Resta-nos falar dos testículos, fechados numa bolsa de pele na base do pénis, o escroto. O seu papel? Fabricar as hormonas masculinas, tal como a testosterona... e o esperma.

Orgasmo

O orgasmo é o auge da excitação sexual. As sensações que provoca variam muito de pessoa para pessoa: podem ir do simples arrepio ao êxtase total, às vezes mesmo com uma curta perda de consciência!

Ele é acompanhado, tanto nos homens como nas mulheres, de contracções musculares incontroláveis dos órgãos genitais.

Maximizar as suas hipóteses

Exercício

Ter os músculos da superfície inferior pélvica fortes (os que usamos para controlar a bexiga) permite aos homens e às mulheres orgasmos mais intensos e mais numerosos. Para os reforçar, contraia-

-os quinze vezes de seguida, duas vezes por dia. Aumente progressivamente o número das contracções. É um exercício eficaz e fácil de fazer em qualquer lado: no escritório, a ver televisão, durante uma reunião...

Reter

Parece que, se conseguir reter o seu esperma de forma a conservar a erecção, poderá ter de três a dez orgasmos sem ejaculação... Um bom exercício de autocontrolo; não deve ser fácil, mas promete. Primeiro é preciso aprender a dissociar duas sensações: o prazer do orgasmo e a sensação que se tem no momento da ejaculação.

Treine-se para chegar quase à iminência da ejaculação, e depois suspenda qualquer estimulação, antes de recomeçar quando a excitação tiver baixado ligeiramente. Com um pouco de perseverança...

Números!

O orgasmo dos homens dura em média de 10 a 30 segundos; o das mulheres de 13 a 51 segundos.

É acompanhado inevitavelmente da ejaculação, que precipita para o exterior do pénis alguns centilitros de esperma – equivalentes a cerca de 500 milhões de espermatozóides – à velocidade de 30 km/hora!

Orgasmo (Ausência de)

Stress

Demasiado stress entrava a produção de hormonas essenciais para o prazer.

Antes de fazer amor, faça uma pequena pausa, descontraia-se. Tome um banho morno, por exemplo, para evacuar o stress e recarregar as baterias.

Falta de sono

O facto de se deitar mais tarde que o habitual numa noite afecta a libido do dia seguinte. O responsável por isto? O cortisol, uma hormona cuja produção baixa durante o sono profundo e cuja acumulação provoca uma tensão prejudicial ao prazer sexual.

A solução: dormir até mais tarde sempre que possível!

Luz

E se, muito simplesmente, o quarto onde faz amor estiver demasiado iluminado? Isso pode ser suficiente para o inibir inconscientemente e a mantê-lo na defensiva. Experimente a escuridão total: talvez assim consiga fazer faíscas!

P de

Palavrões ▪ Papilomas ▪ Pedofilia ▪
Períneo ▪ Pescoço ▪ Pingadeira ▪
Piolhos genitais (chatos) ▪
Poluções nocturnas ▪ Ponto G ▪
Posições ▪ Preliminares ▪
Prepúcio ▪ Preservativo ▪
Priapismo ▪ Primeira vez ▪
Problemas com as erecções

O lado deles

Palavrões

Experimente usar palavrões (enfim, se ela gostar disso)!

Alguns números? 45% das mulheres apreciam que se lhes diga palavras sexuais "muito cruas" durante o amor; apenas 18% delas preferem o silêncio.

As palavras cruas retiram às relações sexuais qualquer aspecto convencional. A educação e a cortesia são esquecidas, ficando o caminho livre para a fantasia e para um prazer mais directo, mais imediato.

Mesmo entre adultos emancipados, há qualquer coisa de provocante no facto de se sussurrarem enormidades na orelha da parceira... para além de excitante!

Papilomas

■ *Ver* Verrugas genitais.

Outras DST
(doenças sexualmente transmissíveis)?

■ *Ver também* Blenorragia, Clamídia, Hepatite B, Herpes, Piolhos genitais, Verrugas genitais, Sida, Sífilis.

Pedofilia

Atracção sexual de uma pessoa adulta por uma criança ou pré-adolescente. Trata-se evidentemente de uma prática altamente repreensível e punida pela lei, dado que não respeita a liberdade de consentimento que está na base de uma relação sexual.

Os actos pedófilos são normalmente acompanhados por um abuso de poder e jogam com o medo da criança e com o seu respeito pela autoridade: quando uma pessoa exerce algum tipo de autoridade, é difícil dizer que não... e muito mais ainda se se tratar de uma criança. Felizmente que já há algum tempo que as vítimas de pedofilia têm a coragem de falar sobre o que lhes aconteceu, o que tem permitido prender os culpados. Isto também possibilita às vítimas poder finalmente falar de acontecimentos traumatizantes que elas tinham enterrado na memória e que consideravam como algo de vergonhoso.

Os casos de pedofilia mais frequentes dizem respeito a homens adultos atraídos por rapazes jovens, mas também se pode tratar de homens adultos e rapariguinhas e de mulheres adultas e rapazinhos, no caso do turismo sexual.

■ *Ver também* Turismo sexual.

Períneo

Esta região do corpo, situada entre o ânus e os testículos ou a vagina, está coberta de uma pele fina e muito sensível. É igualmente uma zona objecto de pouca atenção, o que é pena. Talvez seja por estar muito perto do sexo, que monopoliza naturalmente as atenções – apesar de muitas outras partes do corpo terem um excelente potencial erótico.

Coloque portanto o períneo no mapa, aprenda a descobri-lo, a acariciá-lo suavemente em pequenos círculos, por exemplo.

Outras zonas erógenas?

■ *Ver também* Axilas, Ânus, Boca, Cabelos, Pescoço, Interior das coxas, Umbigo, Orelhas, Ponto G, Mamilos.

Pescoço

O pescoço é uma região do corpo que muitas pessoas acham muito sensual, particularmente na sua base.

Tal deve-se porventura ao facto de que se trata, como os punhos, de uma zona de "ligação" entre as partes nuas do corpo – o rosto e as mãos – e as escondidas pela roupa, secretas, perturbadoras, a descobrir... A pele do pescoço é muito sensível aos beijos. Atenção aos chupões, que deixam belas marcas violetas que demoram a desaparecer, mas que certas pessoas exibem como troféus no dia seguinte de manhã! Beijar a parceira no pescoço é um gesto de ternura e de sensualidade, a meio caminho entre o beijo na face e o beijo na boca, mais apaixonado e mais especificamente erótico. Pode também aproveitar-se para cheirar o perfume e sentir a temperatura do corpo do outro pela abertura da sua gola...

Não se esqueça da nuca. É uma zona que temos muitas vezes tendência a contrair, por nervosismo, por pressão do stress, de uma contrariedade ou simplesmente da emoção. Se a acariciar amplamente, aquece esta parte do corpo muito importante e pouco a pouco o corpo inteiro descontrai-se e abandona-se...

Pense também em coçar muito ligeiramente a nuca da sua parceira com a parte de trás dos seus dedos curvados. Uma massagem ligeira que ressoa em todo o crânio e propaga ondas de descontracção e de bem-estar.

Outras zonas erógenas?

■ *Ver também* Axilas, Ânus, Boca, Cabelos, Costas, Interior das coxas, Umbigo, Orelhas, Períneo, Ponto G, Mamilos.

Pingadeira

Designação popular da blenorragia (ver esta palavra).

Sinónimo: esquentamento.

Piolhos genitais (chatos)

Os piolhos genitais fazem parte de todo um conjunto de aborrecimentos (ou chatices) que estão em plena recrudescência hoje em dia... Falta de higiene, promiscuidade nos transportes públicos, não passa um ano sem que haja piolhos nas escolas... Mas voltemos aos nossos "chatos".

Trata-se de pequenos insectos lisos, que se parecem um pouco com caranguejos minúsculos com vários pares de patas de cada lado do corpo, que lhes servem para se fixar na pele da vítima. Tal como os piolhos nos cabelos, eles põem pequenos ovos nos pêlos do corpo, as lêndeas.

Porquê falar destes bichinhos num livro dedicado ao sexo? Simplesmente porque eles apenas se aninham nas regiões mornas e cobertas de pêlos, como a púbis... Não se aventuram no torso, nem nas pernas e ainda menos nos cabelos. Normalmente apanham-se tendo relações sexuais com alguém cuja higiene deixa muito a desejar... Eis porque é que às vezes é difícil falar disto em casa. Mas saiba que também se podem apanhar piolhos genitais em casas de banho públicas, ou mesmo num transporte público. Basta passar por trás de uma pessoa infestada...

A sua presença manifesta-se através de comichões e de vermelhidões na região da púbis. Na farmácia existem sprays de produtos insecticidas absolutamente radicais contra estes bichos; é aconselhável aliás repetir a dose de vaporização alguns dias após a primeira, para garantir o extermínio de uma segunda geração recém-nascida dos ovos...

Por precaução, limpe bem os colchões e os lençóis da cama, toda a roupa interior e sobretudo... previna a sua parceira para fazer o mesmo.

Outras afecções venéreas (verdadeiras DST, essas)?

■ *Ver também* Blenorragia, Clamídia, Papiloma, Herpes, Verrugas genitais, Sida, Sífilis.

Poluções nocturnas

Na altura da puberdade, têm lugar durante a noite erecções incontroladas, seguidas de ejaculações igualmente incontroladas. Porquê no meio da noite? Primeiro, porque o corpo está aquecido, depois porque à noite o espírito não está vigilante, deixa-se ir, abre as portas a todas as pulsões...

Estas ejaculações nocturnas dão pelo estranho nome de "poluções (ou poluições) nocturnas". "Nocturno" ainda se compreende, mas "polução" não deixa de ser estranho: porquê usar um termo tão pejorativo num mecanismo perfeitamente natural, que deveria até suscitar um certo orgulho! Estas "poluções nocturnas" (também conhecidas como sonhos molhados, dado acordar-se com a roupa ou a cama molhada) são na realidade sinal que está tudo bem, que o corpo chegou à idade adulta. Tratam-se de uma espécie de "ensaios", de verificações ou rodagens, incontroladas, é verdade, mas que querem dizer que está tudo pronto a funcionar: bem-vindos ao maravilhoso mundo dos adultos!

Ponto G

O ponto G deve o nome a Ernst Grafenberg, um sexólogo alemão que publicou em 1944 um artigo explosivo: tinha descoberto na parte superior da vagina uma zona tão sensível que a estimulação desse ponto leva directamente ao orgasmo...

Esta teoria foi contestada durante muito tempo – sem dúvida por homens que não conseguiam identificar esse ponto mágico! Hoje em dia parece estar estabelecido que o ponto G existe, sim senhor, embora sem a mesma receptividade em todas as mulheres. Reconhece-se graças a um inchaço que apenas tem lugar no momento da excitação.

O ponto G é uma zona erógena quase mítica, que aparentemente muito poucos homens conseguem localizar... o que é pena, porque se trata de um território extremamente sensível e capaz de decuplicar o prazer! Mas os homens podem ficar descansados: a sua ignorância é partilhada por perto de metade das mulheres! Está portanto na altura de preencher esta lacuna tão bem partilhada entre os sexos.

Coloque-se de frente para a sua parceira e insira um dedo, o médio ou o indicador, na sua vagina. Encurve-o para cima, exactamente como se quisesse sinalizar a alguém para se aproximar: se sentir uma pequena protuberância, simultaneamente suave e firme, chegou lá. Se for convenientemente estimulada, esta zona incha e desencadeia ondas de prazer.

A saber: uma vez excitados, os tecidos vaginais apenas respondem a pressões mais decididas. Para variar, não é altura de ser demasiado delicado...

Outras zonas erógenas?

■ *Ver também* Axilas, Ânus, Boca, Cabelos, Pescoço, Interior das coxas, Umbigo, Orelhas, Períneo, Mamilos.

Posições

Fazer amor não é reproduzir um catálogo de posições, nem fazer uma demonstração de virtuosismo. É inútil multiplicar as posições para provar que é experiente... ou ágil. Não se trata de um espectáculo! Se não pára de mudar de posição, ainda pode dar à sua parceira a impressão que aprendeu a fazer amor a ver filmes pornográficos... Porque só nesses filmes é que as posições se sucedem com muito pouco esforço aparente.

Mais vale encontrar uma posição que convenha a ambos e mantê-la. É mais confortável, menos demonstrativo e mais íntimo, e sobretudo isso permite à mulher, muitas vezes mais "lenta", encontrar um ritmo próprio, a fim que os dois parceiros se coordenem e vibrem juntos – o que é no fundo o objectivo de toda a manobra...

Entre estar sempre a mudar de posição e fazer amor sempre da mesma forma, há uma grande margem. É necessário variar os prazeres, especialmente no início de uma relação, de forma a encontrarem juntos as posições que convêm mais aos dois. Penetrar a parceira mais ou menos profundamente, estimular ou não o clítoris, poderem ou não beijar-se, gerir o pudor... Cada posição tem as suas vantagens. Cabe-lhe testá-las, uma a uma!

■ *Ver também* A cavalo, Sentados, Elevador, Colheres, *Cunnilingus*, *Fellatio*, Kama Sutra, Liana, Masturbação, Missionário, Missionário invertido, Armadilha da serpente, Sessenta e nove.

Preliminares

Os preliminares são todas as pequenas actividades sexuais de exploração e estimulação "anexas", que para a maioria dos homens constituem apenas um prelúdio à penetração, enquanto que para a maioria das mulheres se trata de uma fase essencial do acto sexual, talvez mesmo a mais importante...

Daqui surge um enorme mal-entendido pleno de consequências entre homens e mulheres.

Eles contentam-se com alguns minutos (dois ou três, em média!) de estimulação directa e intensa, para chegar ao prazer, enquanto as mulheres necessitam de muito mais tempo. Os preliminares permitem ao desejo crescer, aos diversos órgãos implicados descontrair-se e chegar à excitação – um estado que é necessário manter e fazer durar. As mulheres gostariam mesmo que os preliminares durassem entre 15 e 20 minutos... E, honestamente, muitos homens estão longe de o conseguir!

Os beijos ocupam um lugar muito especial no que respeita às carícias preparatórias. Todos os beijos, desde a pequena bicada muito ligeira nas pálpebras, no pescoço, na base dos lábios, até ao beijo profundo e guloso.

Temos também os pequenos jogos de língua à volta ou dentro das orelhas, nos seios, na fronteira do sexo, e as carícias no interior dos braços, no interior das coxas, nas axilas.

Pense também nas massagens, mais ou menos profundas, mais ou menos intensas, ao longo das costas ou no pescoço. Tenha perto da cama um frasquinho de óleo perfumado para massagem. Não há melhor para aquecer a pele, relaxar e amaciar os músculos, fazer correr sobre todo o corpo arrepios de prazer...

Os dedos raramente pensam em reencontrar as carícias simples da primeira infância: acariciar a bochecha, tocar a testa, seguir a curva do nariz ou do desenho dos lábios com o indicador. É uma ocasião para introduzir um dedo na boca da sua parceira para que ela lho chupe, de mordiscar um dos dela. Não esquecer os dedões do pé, que são uma zona também muito sensível a chupadelas e lambidelas – mas cuidado com as cócegas!

Prepúcio

Prega de pele que envolve a glande dos homens não circuncidados. Durante a erecção, o prepúcio escorrega até à base da glande, para a descobrir.

■ *Ver também* Circuncisão.

Preservativo

É um tipo de estojo em látex que se desenrola ao longo do pénis em erecção, com o objectivo de recolher o esperma no momento da ejaculação, e logo de o impedir de se derramar dentro da vagina. O preservativo foi, durante muito tempo, a única verdadeira forma de contracepção. Os primeiros preservativos eram feitos de tripa de carneiro (!); são actualmente fabricados num látex muito resistente e extremamente fino, por forma a não alterar as sensações dos dois parceiros. Existem em diversos tamanhos e de todas as cores; alguns são lubrificados, outros, para o *fellatio*, são aromatizados.

Hoje em dia o preservativo entrou nos hábitos normais por causa da Sida. É, na realidade, a única protecção possível contra o VIH, e acessoriamente contra todas as outras doenças sexualmente transmissíveis... A pôr portanto obrigatoriamente desde o primeiro encontro, enquanto não estiverem os dois certos de não ter nada e enquanto não forem absolutamente fiéis!

A ameaça da Sida tem tendência a afastar-se, pois as terapias actuais permitem adiar o desfecho da doença. Estes progressos da medicina são essenciais, mas por causa disso certas pessoas "esquecem-se" às vezes de pôr o preservativo. É no entanto importante saber que as terapias que existem são pesadas, longas, caras, e que são acompanhadas muitas vezes, e para o resto da vida, de incómodos bastante desagradáveis: diarreias, securas da pele, enjoos, etc.

O lado deles

E se ela não quiser o preservativo?

Todos os rapazes já ouviram falar de raparigas que recusam fazer amor com preservativo, ou mesmo que chamam medricas ao rapaz que tira um do bolso no momento de passar à acção... O que fazer nestes casos? Ser tenaz.

Não se é medricas quando se é prudente; e lembre-se que o que ela lhe está a pedir, provavelmente já o obteve de alguns rapazes antes de si: talvez já tenha mesmo apanhado qualquer coisa... Se ela, de facto, não quer ouvir falar em preservativos, esqueça, mesmo que ela seja um verdadeiro "avião". Quem fica a perder é ela!

Evidências

Os preservativos só se utilizam uma vez!

Não rasgue o invólucro do preservativo com os dentes: arriscar-se-ia a furá-lo e torná-lo perfeitamente inútil.

Não deite os preservativos na sanita, mas sim no caixote do lixo, depois de lhes ter dado um nó para que nada verta!

Como?

Claro que ao princípio nada disto é evidente. Mas é só questão de treinar! Os rapazes têm medo de passar por nabos se não conseguirem à primeira, e de tanto se debaterem com o látex às vezes acabam por perder a erecção... No entanto, é um gesto muito simples, que acaba rapidamente por se tornar um reflexo.

Pense antes de mais em ter uma caixa de preservativos perto da cama – ou onde costuma ter as suas práticas amorosas, se preferir sítios menos convencionais. Com efeito, não é nada agradável – para não dizer que corta a onda – ter de se levantar, correr para a casa de banho, para encontrar um preservativo quando precisa de um. Não há nada pior para dar cabo do ambiente... Portanto, uma caixinha ao pé da cama, uma embalagem de lenços de papel, um tubo de lubrificante, para o caso das secreções vaginais não serem suficientes ou de serem ambos adeptos da sodomia.

Uma última palavra antes de passarmos à maneira de colocar um preservativo: se utilizar um lubrifi-

O lado deles

cante, tenha em atenção que seja à base de água e não de vaselina. Só estes são compatíveis com o látex; os outros atacam as finas paredes do preservativo, o qual deixa de ser estanque... e não serve para mais nada.

Primeiro, claro, tirar o preservativo da embalagem. Para isso, rasgue-a delicadamente em todo o seu comprimento. Não vale a pena armar-se, rasgando-o com os dentes; é inútil e sobretudo arrisca-se a rasgar também o látex...

Uma vez o preservativo cá fora, desenrole alguns centímetros.

Esta operação só é possível num sentido e permite identificar o lado a colocar sobre a glande. Isto é fundamental por várias razões.

Com efeito, se colocar directamente o preservativo sobre a glande sem ter desenrolado um bocadinho, duas coisas podem acontecer.

Primeiro, se o preservativo não tiver um pequeno depósito incorporado, não terá criado por cima da glande um pequeno reservatório para recolher o esperma no momento da ejaculação.

Segundo, se colocar o preservativo em cima da glande do lado errado, sendo portanto impossível desenrolá-lo, terá de o virar. A parte que pousou sobre a glande entrará portanto em contacto com a vagina da sua parceira. Isto não é, de maneira nenhuma, prudente, pois sobre a glande pode-se encontrar uma secreção transparente, o líquido seminal (ver palavra), que pode conter diferentes vírus.

Recomecemos. No momento de o pousar sobre o pénis, segure a extremidade entre dois dedos, de forma a deixar um pouco de ar, uma espécie de bolsa mesmo em cima da glande, para recolher o esperma no momento da ejaculação. Não é necessária esta pequena manipulação se utilizar preservativos ditos "com depósito", pois estes já têm uma pequena bolsa na extremidade. Uma vez o preservativo pousado no topo do pénis, desenrole-o sobre todo o seu comprimento.

O lado deles

Esta operação necessita de um mínimo de atenção. Entretido com o assunto, é natural que perca um pouco a erecção: é normal ao princípio, é uma questão de concentração. Uma ajudinha com a mão e volta tudo ao normal!

E pronto, é tudo. Não é nada complicado, são dois ou três gestos fáceis de aprender. Antes da primeira vez "a sério", treine "a seco" no seu quarto, para estar nos ajustes no dia D. E se a ideia de usar um preservativo lhe desagrada, diga a si próprio que é um verdadeiro acto de adulto responsável. É também a única maneira conhecida actualmente de fazer amor com toda a tranquilidade: é bastante importante, não é?!

Um pouco de chauvinismo

Segundo estudos extremamente sérios, o diâmetro do pénis dos Alemães seria inferior em 3 a 4 milímetros, em média, ao padrão europeu considerado para as normas de fabrico dos preservativos... Resultado: os preservativos com normas europeias são largos de mais para eles e os deles demasiado estreitos para a maioria dos europeus... Não há, por enquanto, nenhuma verdadeira explicação para este estranho fenómeno.

Alergias

Alguns homens são alérgicos aos preservativos. Não ao facto de usá-los mas à matéria propriamente dita, o látex. Os sintomas? Comichões, inchaços... A solução? Utilizar preservativos sem látex, elaborados a partir de poliuretano específico.

Outros modelos especiais

Mais compridos

Se o seu sexo tem um comprimento superior à média (que é de 12 a 17cm, lembremo-nos), existem preservativos "XL" com cerca de 20 centímetros de comprimento, para que se sinta confortável...

Alguns rapazes ainda se sentem pouco à vontade nas farmácias com a ideia de pedir uma caixa de preservativos, mas certamente que não com os modelos XL!

O lado deles

Mais tempo

Também existem modelos que seríamos tentados a qualificar como "semiprofissionais"... São preservativos especialmente fortes, feitos para resistir a assaltos vigorosos e de longa duração. É o seu caso?

Mais largo

Conhece bem a sua parceira e deram-se ambos conta de que a vagina dela é mais larga do que a média. Não há problema: existe um preservativo especialmente concebido para o vosso caso! A extremidade é muito mais larga do que nos outros modelos, o que intensifica consideravelmente os estímulos vaginais.

Mais tarde

Boas notícias para os que têm tendência a ter orgasmos cedo de mais: existe actualmente um preservativo mais grosso do que os outros, muito útil para os ejaculadores precoces. A borracha sendo mais espessa, faz um pouco de barreira às sensações, o que permite retardar consideravelmente o momento fatídico...

Conselho

Os preservativos com depósito são mais práticos de utilizar. Têm na extremidade uma bolsa que serve para recolher o esperma no momento da ejaculação. Se os preservativos que possui não têm depósito, crie um, apertando a ponta do mesmo entre os dedos – para evitar que o ar entre – antes de o pôr.

Priapismo

Esta expressão deve o seu nome a Príapo, deus da fecundidade na mitologia greco-latina, sempre representado com um sexo avantajado e em plena erecção.

O priapismo é uma afecção relativamente rara, que consiste numa erecção muito longa e sem razão.

Acha com certeza a ideia de estar em sentido durante várias horas seguidas sedutora... Talvez, mas

quando não há nenhuma razão para tal estado...
E não facilita a vida do dia-a-dia, no escritório, na piscina, nos transportes públicos...

Portanto, se se der conta de que tem erecções sem que o menor pensamento erótico lhe tenha atravessado o espírito, se a erecção matinal persiste, pergunte-se porquê. Vá à casa de banho e examine o seu sexo. Contrariamente ao que se passa numa erecção normal, constatará, se tiver priapismo, que só o pénis está duro; a glande está muito menos firme. Tente relaxar, pensar noutra coisa; o ideal seria tomar um banho não muito quente. Se ao fim de duas horas continuar a erecção e ainda sem razão, consulte um médico, de preferência no serviço de urgências ou de urologia, claro.

É grave, doutor?

O priapismo não é uma afecção benigna e pode revelar-se bastante aborrecido: uma erecção contínua de várias horas – "contínua" e o facto de "dar várias" na mesma noite não tem nada a ver! – impede a boa oxigenação dos corpos cavernosos que formam o pénis, e pode no limite provocar uma impotência definitiva... Portanto mais vale prevenir do que remediar.

O tratamento

O seu médico indicar-lhe-á um medicamento para dilatar os vasos. Se este primeiro tratamento não for suficiente, será necessário punçar um pouco do sangue que não consegue deixar o pénis e que faz durar esta erecção que não é bem-vinda.

Porquê eu?

É difícil saber as causas reais do priapismo. Pode no entanto constatar-se que as pessoas atingidas são frequentemente homens com uma vida movimentada, grandes consumidores de álcool – especialmente de cerveja – e de excitantes; alguns medicamentos parecem ter um papel no desencadear desta afecção. Portanto, reduza a velocidade!

O lado deles

Primeira vez

É uma passagem delicada para todos. É perfeitamente normal sentir-se um pouco intimidado ou angustiado com a ideia de ultrapassar esta etapa. Ao mesmo tempo é no mínimo excitante!

Recomendações

Comece por se compenetrar de que se trata de um momento importante, uma verdadeira etapa, uma maneira de entrar na vida adulta.

Convém no entanto saber que a maneira como se passa a primeira vez pode ter consequências a longo prazo: se as coisas correrem mal, ou só medianamente bem, isso pode ocasionar bloqueios que duram para alguns rapazes vários meses, ou mesmo anos. Passa-se aliás o mesmo com as raparigas, tirando o facto que elas falam disso mais facilmente umas com as outras do que os rapazes, que se sentem um pouco isolados e cheios de perguntas sem resposta. Isso não ajuda mesmo nada a avançar...

Segunda coisa: não há idade para "o" fazer. Não é porque um colega teve a sua primeira experiência aos 15 anos que tem absolutamente de seguir o seu exemplo. Para mais, é preciso saber distinguir as coisas: às vezes há uma grande diferença entre o que se diz e o que se faz... Cada um tem que fazer as experiências ao seu próprio ritmo, o importante é fazê-las quando estiver pronto para elas.

É a primeira vez para si

O dia D

É hoje... Já estava previsto há muito tempo, ou acontece por si, de improviso: pouco importa, é hoje. Na cabeça há uma mistura de apreensão, excitação e angústia: esperemos que tudo corra bem!

Preveni-la

Ela sabe que é a primeira vez? Mais vale dizer-lhe: vai com certeza sentir-se lisonjeada por saber que foi com ela que decidiu dar o grande passo e no caso de haver pequenos problemas não ficará aborrecida.

O lado deles

Começámos!

Depois das carícias e dos beijos, decidiram ir mais longe e dão por vocês na cama em trajes menores. Naturalmente que os preservativos não estão longe, com um pequeno tubo de lubrificante (ou vaselina) – encontram-se nas farmácias – para o caso de um de vocês sentir necessidade disso para facilitar a penetração.

Um conselho... Considera-se muitas vezes a posição do missionário um pouco básica, mas isso não é verdade (ver a palavra)! De qualquer forma, ela adapta-se perfeitamente à primeira vez: vocês ficam face a face, podem beijar-se e falar; se necessário, a sua parceira pode também guiá-lo para dentro dela.

Sobretudo não hesite em pedir-lhe ajuda!

De seguida, é uma questão de *feeling*, de ritmo e de atenção à reacção dos dois: atenção aos golpes de rins demasiado fogosos! E não se esqueça que a entrada da vagina e a glande são as zonas mais sensíveis dos vossos respectivos órgãos: é portanto inútil querer ir muito longe a qualquer custo! Das duas uma:

A coisa corre bem

Óptimo! Como dizem as cadernetas escolares: "Bom aluno, mas pode com certeza fazer melhor"!

A coisa corre mal

Primeira hipótese: não se passou nada.

Ou seja, a incapacidade de ter uma erecção, a angústia número um dos rapazes. No entanto, há muito tempo que tinha vontade de sair com ela, ela fez-lhe finalmente compreender que estava de acordo, encontraram o momento certo, o sítio certo... Tudo começou bem... mas nada.

Não entre em pânico: acontece muito mais vezes do que se julga e sobretudo muito mais vezes do que os rapazes gostam de admitir! Um desejo demasiado grande ou uma emoção forte de mais podem causar stress suficiente para que a erecção seja impossível, ou pelo menos ineficaz.

A solução: esperar um pouco, respirar calmamente, esperar que a forma volte – não deveria tardar. É também importante não dramatizar. Explique à sua parceira o que se passa; ela ficará certamente mais enternecida do que ofendida por saber que sente tanto desejo por ela que se esgotou completamente no momento de passar à acção...

Segunda hipótese: foi ao colocar o preservativo que começou a atrapalhar-se e a perder a erecção.

Não ensaiou o suficiente!

A solução: vire-lhe as costas! Antes de fazer uma nova tentativa com o preservativo assegure-se de que este está no sentido certo, ou seja no de desenrolar... Alguns movimentos masturbatórios para recuperar uma boa erecção, o preservativo está enfiado, pode-se voltar, pronto para recomeçar.

Terceira hipótese: o sétimo céu cedo de mais.

Ou seja: ainda mal começou a acariciar-se, e já ejaculou. Demasiada excitação, demasiada impaciência: é o suficiente para provocar uma ejaculação.

É curioso: demasiada emoção pode ter duas consequências diametralmente opostas, uma ausência de erecção ou uma ejaculação precoce...

O que fazer nesses casos?

Uma pequena "falha" desta natureza pode adquirir uma importância completamente desproporcionada se não soubermos ao que corresponde. É preciso saber que é uma coisa extremamente frequente e que não é nem o primeiro nem o último rapaz a quem isso acontece...

Entretanto, das duas uma:

Se já tem o preservativo posto, dê uma palavrinha à sua parceira para a sossegar e faça uma visita à casa de banho para o deitar fora – no caixote, obviamente – e fazer uma pequena toilette antes de voltar dar-lhe uns miminhos. Não se preocupe: a pujança não tardará a voltar! E desta vez, respire fundo...

Outra hipótese, menos agradável de considerar: não teve tempo de colocar o preservativo, ejaculou nos lençóis, ou mesmo em cima do corpo da sua parceira... É um facto, ela arrisca-se a não achar graça nenhuma. A solução: atire-se a uma caixa de lenços de papel para reparar os estragos. Vá também à casa de banho para se limpar rapidamente e sobretudo volte depressa com uma pequena toalha humedecida com água quente; limpe o corpo dela suavemente. Esta pequena atenção e alguns mimos ajudarão os dois a ultrapassar o mau momento e a olhar para a frente com serenidade!

É a primeira vez para ela

Ela disse-lho ou deu-lho a entender: é virgem e foi consigo que decidiu dar o grande passo... É uma bela prova de confiança, mas é também uma responsabilidade.

Mais do que em qualquer outra altura, tem de estar atento às mais pequenas reacções da sua parceira. Atenção aos pormenores: para lhe respeitar o pudor assegure-se de que a iluminação é ténue; tenha perto da cama, ao pé da caixa de preservativos, uma caixa de lenços de papel. Não se dispa logo completamente, dê-lhe tempo para ultrapassar o pudor e se entregar.

Passar à acção

Não seja sovina com o tempo nem com as carícias e faça durar os preliminares. Beijinhos e carícias dar-lhe-ão confiança e tornar-se-ão pouco a pouco cada vez mais precisos, à medida que ela se vai descontraindo. Não hesite em guiar a mão dela sobre todo o seu corpo.

Que posição adoptar?

A posição do missionário é ideal para as relações: as vossas caras ficam muito perto uma da outra, pode-lhe falar, beijá-la, ver todas as suas expressões... e agir em conformidade. Peça-lhe que passe as pernas à volta da sua bacia. Instintivamente, ela apertá-las-á em caso de dor ou de apreensão: esse sinal dir-lhe-á quando parar... e quando recomeçar.

Ao mínimo sinal de dor, pare. Tente retirar-se o mais suavemente possível mas sem sair completamente, a não ser que ela lho peça ou lho dê a

O lado deles

entender: uma nova penetração pode não ser fácil. Se o hímen ainda estiver intacto – pode muito bem ter sido rompido sem que ela se tenha dado conta, durante a prática de desporto, por exemplo – a sua perfuração pode implicar dor e hemorragias: não entre em pânico, sossegue-a sobre esses dois pontos, tudo é perfeitamente normal!

Ela já não quer

Mostre-se meigo e atencioso, mas não insista: para ela também não é um momento fácil. Talvez tenha medo que lhe doa, medo de o decepcionar, medo do julgamento dos outros ou da família...

Trate de a descontrair e tranquilizar, trate sobretudo de ficar com ela ao pé de si durante bastante tempo, para que ela recupere a confiança. Hão-de recomeçar uma outra vez...

■ *Ver também* Idade (das primeiras relações), Virgindade (perder a)

Problemas com as erecções

■ *Ver também* Inibição do desejo sexual, Impotência, Priapismo.

Qde

Quando? ▪ Quanto tempo?

O lado deles

Quando?

Não tenhamos papas na língua: mais vale cedo do que tarde! Estudos mostraram, com efeito, que o melhor momento para fazer amor se situa... por volta das 6 horas da manhã. Ao acordar, a taxa de hormonas – nomeadamente a testosterona, essa hormona masculina que é um estimulante indispensável da sexualidade – está no máximo... é também o momento de aproveitar a famosa erecção matinal!

Se realmente não tem tempo para jogos amorosos antes de ir trabalhar, lembre-se que a partir das 16h o corpo volta ao seu melhor; é quando as capacidades respiratórias estão no auge da sua forma. É portanto o momento ideal para praticar um desporto... mesmo desporto no quarto. É pena, diz você, porque é evidentemente impensável largar o trabalho ao fim da tarde para ir ter com a parceira... Em tempo normal, de acordo, mas restam as férias e os fins-de-semana...

O horário a evitar: à noite depois das 22 horas. O jantar não está muito longe, a digestão inicia-se, o corpo começa a precisar de se regenerar pelo sono e o organismo programa-se para entrar em repouso depois de todos os cansaços do dia...Programe portanto as suas folias para a primeira parte da noite e que se dane o filme!

Quanto tempo?

Em média, as relações sexuais duram entre 8 e 10 minutos. É em todo o caso a duração média de uma penetração. Felizmente que existem os preliminares, antes, e os mimos, depois... enfim, no melhor dos casos! Durante estes 8 a 10 minutos, há contudo cerca de 500 vaivéns...

A título de comparação, a duração do coito entre leões varia entre... 10 segundos e 1 minuto! Mas eles fazem-no 40 vezes por dia (sim) e durante 5 dias de seguida (sim, sim).

R de

Rolo da massa ▪
Ruídos estranhos

O lado deles

Rolo da massa

Faz parte da panóplia tradicional da dona de casa... e da megera que espera a pé firme o regresso do marido leviano ou dado à pinga... Porque não desempoeirar este acessório de comédia e transformá-lo num cúmplice da vossa cozinha erótica? Pode ser uma ajuda preciosa para massajar o corpo do parceiro: um deitado sobre o ventre, o outro de joelhos sobre as suas pernas, passando e repassando o rolo, devagarinho e depois com mais firmeza, ao longo das costas, de baixo para cima e depois de cima para baixo... O que é relaxante e deliciosamente erótico é se a massagem preparatória for completada por uma massagem com óleo de amêndoas doces, que tem, como todos sabem, o dom de aquecer suavemente a pele.

Outros acessórios?

■ *Ver também* Bolas de geisha, Escova de dentes eléctrica, *Cock ring*, Godemiché, Molas da roupa, Espanador, Toalha Quente, Vibrador.

Ruídos estranhos

Eis uma situação de que se fala muito raramente, mesmo entre amigos ou amigas. Parece que isto já provocou a ruptura de vários casais recém-formados, apesar de ser algo perfeitamente natural.

De que é que se trata? De ruídos estranhos – parecidos com gases, para sermos precisos – que ocorrem às vezes quando o homem se retira da vagina da sua parceira. Enquanto faziam amor, a vagina dilatou-se tanto em largura como em profundidade; quando se retira, ela retoma a sua dimensão normal, e o ar aprisionado procura naturalmente escapar-se...

Estas "correntes de ar" são assim uma coisa perfeitamente normal e previsível, se bem que não tenham nada de romântico!

Se isto lhe acontecer, não lhe deixe tempo para se culpabilizar ou dramatizar a situação: sossegue-a com ternura, explicando-lhe que se trata de algo de normal e de mecânico.

O lado deles

Para evitar isto, não existem muitas opções: fazer amor devagar ou nas posições mais clássicas. A perspectiva não agrada a nenhum dos dois? Então esqueçam esses contratempos mecânicos e desdramatizem a coisa!

S de

Sadismo ▪ Sadomasoquismo ▪
Sair do armário ▪ Seios ▪
"Sem tirar" ▪ Seminal (líquido) ▪
Sentados ▪ Sessenta e nove ▪
Sexo seguro ▪ SIDA . Sífilis ▪
SM ▪ Sodomia

O lado deles

Sadismo

Preferência sexual que consiste em ter prazer com a dor que se inflige a outra pessoa ou com o domínio físico ou psicológico que se lhe impõe.

O termo deriva do nome do Marquês de Sade, célebre libertino do século XVIII, cuja escrita põe em cena situações desta natureza.

Evidentemente que este tipo de fantasia só se põe em prática se ambos consentirem. O "sádico" precisa de encontrar masoquistas ou sadomasoquistas. Existem clubes especializados neste tipo de encontros; curiosamente, a sexualidade em estado puro está mais ou menos ausente e os jogos que lá se praticam são mais na ordem da dominação-submissão intelectual ou fantasiada. Reservado a adultos avisados; aliás, os próprios clubes são muito cautelosos quanto aos motivos reais daquelas e daqueles que lá se desejam inscrever. É a única maneira de evitar derrapagens.

■ *Ver também* Masoquismo, Sadomasoquismo.

Sadomasoquismo

"Mistura" complementar das práticas sádicas e masoquistas. É evidente que, no que toca às relações sexuais deste tipo, a coisa só pode ser considerada se os dois parceiros o consentirem, estiverem perfeitamente conscientes do que estão a fazer e tiverem fixado, de comum acordo, limites estritos que não se poderão ultrapassar sob nenhum pretexto – nomeadamente usando uma palavra de segurança, ou *safeword,* para pararem.

O termo sadomasoquismo resume-se em língua corrente pelas letras "SM": fala-se de "práticas SM", de "clubes SM", etc.

Outras fantasias?

■ *Ver também* A Vários, Bondage, Exibicionismo, Fetichismo, Lingerie, Sodomia, Voyeurismo.

Sair do armário

Expressão derivada do inglês – *"coming out of the closet"* –, que designa o facto de se declarar a sua homossexualidade, quer ao grande público – no caso de personalidades do espectáculo ou da política – quer simplesmente à família.

O "sair do armário" tanto é respeitável – e às vezes corajoso – quando vem da própria pessoa, quanto o facto de "desmascarar" alguém – declarando publicamente que ele ou ela é homossexual –, é discutível, mesmo se a ideia original era banalizar a homossexualidade ou retirar-lhe o seu lado tabu.

Seios

Os seios, símbolos da feminilidade, da maternidade, da fertilidade. Pequenos, grandes, em forma de pêra ou de ovo estrelado...

Eles são o objecto de todas as fantasias. É pelo menos o que tendem a provar as revistas mais ou menos especializadas e algumas bandas desenhadas que só mostram raparigas com seios em forma de obus, agressivos e empinados. A realidade é muitas vezes diferente, e os seios pequenos, os seios naturais, também têm os seus adeptos.

Os seios são objectos de fantasia evidentes porque estão ligados a todas as primeiras sensações de prazer: a mamada gulosa do recém-nascido, encostado no quentinho do corpo da sua mãe.

A sua pele é lisa e suave, o mamilo retrai-se e empina-se à mais ligeira carícia... Não esqueçamos no entanto a parte do corpo, extremamente sensível que se situa entre os seios, o trilho intermamal. Podemo-lo cobrir de pequenos beijos, passear um dedo distraído ou mais atento, que sobe, desce, volta a subir e volta calmamente para se aproximar em espiral da auréola e do mamilo.

Para bom entendedor...

Os seios são uma parte do corpo das mulheres que possui uma carga erótica e sensual evidente. No entanto, perto de uma mulher em cada três lamenta-se que os homens não passem lá mais tempo...

Seminal (líquido)

No início da excitação, o pénis segrega uma quantidade mais ou menos importante de um líquido translúcido e viscoso; esta secreção seminal serve simplesmente para lubrificar o canal da uretra. A sua importância é muito variável; passa aliás desapercebida a maior parte das vezes. É no entanto necessário ser prudente: este líquido contém às vezes espermatozóides. É por isso importante, em caso de penetração, que se ponha logo um preservativo!

"Sem tirar"

O que é que vemos nos filmes pornográficos? (Não se faça de inocente, vá.) Mulheres insaciáveis, dispostas a todas as excentricidades para chegar ao sétimo céu e levar com elas o(s) seu(s) parceiro(s), e sobretudo homens sempre em forma, em grande plano, com uma loura, depois outra, depois uma morena, depois mais duas... Esquecemos muitas vezes que estes filmes são simples montagens de sequências que foram rodadas com várias horas, ou mesmo dias, de intervalo. Há que relativizar assim as proezas dos actores – e das actrizes.

Não se trata de nenhuma novidade: o homem não é uma "juke-box sexual"; não basta uma pequena estimulação para desencadear uma erecção quando se quer... O organismo precisa de tempo de recuperação, variável segundo a idade e a condição física. Alguns falam de "dar três ou quatro sem tirar" numa noite. Gabarolice ou realidade? Depende. Mas e o que pensa a parceira deles? Ela preferiria sem dúvida sessões mais longas e menos numerosas, ou fazer amor apenas uma vez, mas realmente bem... Em matéria de sexualidade, também a qualidade é preferível à quantidade, ou não? E isso é preciso aprender!

O lado deles

Fingidores!

Para impressionar a sua parceira, alguns homens simulam um primeiro orgasmo e logo de seguida retomam os trabalhos, para lhe fazer crer numa nova erecção. O interesse disto? Armar-se em bom. O risco disto? Que ela se aperceba, e então...

Sentados

Sente-se bem direito numa cadeira, com os joelhos afastados. A sua parceira vem sentar-se em cima de si – enfim, em cima do seu sexo – colocando as suas coxas por cima das suas. Agora que estão ambos bem instalados, movimentem-se em conjunto lentamente, concentrando-se na vossa respiração: esta posição é ideal para vos levar direitinhos ao sétimo céu, é o que dizem todos os grandes sábios tauistas...

Precauções

É necessária uma boa erecção de início. E não deixe de colocar uma almofada na cadeira: um pouco de conforto permitir-lhe-á manter a posição mais tempo.

Variantes

Ela pode sentar-se de frente para si, ou virar-lhe as costas. No primeiro caso, terá os seus seios ao alcance da boca; no segundo caso, ao alcance das mãos... Ah, estes chineses!

Outras posições?

■ *Ver também* A cavalo, Sentados, Colheres, *Cunnilingus*, *Fellatio*, Kama Sutra, Galga, Liana, Masturbação a dois, Missionário, Missionário invertido, Armadilha da serpente, Sessenta e nove.

Sessenta e nove

Não é necessário fazer-lhe um desenho: no 69, o 6 e o 9 estão colocados pés com cabeça e cabeça com pés – exactamente como ele e ela, nesta posição que reúne as vantagens do *cunnilingus* com a do *fellatio* (ver estas palavras para mais indicações).

O lado deles

Outras posições?

▌ *Ver também* A cavalo, Elevador, Sentados, Colheres, *Cunnilingus*, *Fellatio*, Kama Sutra, Lebre, Liana, Masturbação a dois, Missionário, Missionário invertido, Armadilha da Serpente.

Sexo seguro

Significa "relações sexuais em segurança". Diz-se de todas as práticas que permitem evitar as doenças sexualmente transmissíveis: o beijo, a masturbação recíproca, o uso do preservativo.

SIDA

Abreviatura de Sindroma de Imunodeficiência Adquirida. É uma doença causada pelo vírus do VIH, que se manifesta pela queda das defesas imunitárias naturais do corpo. O organismo atingido mostra-se incapaz de lutar contra os vírus que normalmente neutralizaria facilmente; uma doença benigna pode ser suficiente para esgotar o corpo devido às complicações sucessivas que pode gerar.

A Sida fez uma entrada devastadora nas nossas vidas há cerca de vinte anos e desde então cada um aprendeu a geri-la, ou pelo menos a domesticá-la. Passado o primeiro movimento de pânico, demo-nos conta de que esta doença não "atacava" só os homossexuais, entre os quais foi despistada em primeiro lugar, mas que dizia também respeito aos toxicodependentes, às prostitutas e aos heterossexuais. O lado traiçoeiro desta doença é a sua discrição. Durante anos, nenhum sinal, nenhum sintoma... Mas o organismo vai ficando progressivamente mais fraco, as defesas imunitárias baixam e um dia apanhamos uma doença dita "oportunista". Pode ser uma afecção perfeitamente benigna numa situação normal, mesmo fácil de tratar (muitas Sidas declaram-se por ocasião de uma doença pulmonar), mas a deficiência do sistema imunitário torna a luta do organismo muito mais difícil: este enfraquece cada vez mais, e outras doenças aproveitam para fazer um cerco ao corpo que já não se sabe defender...

O facto dos primeiros sintomas demorarem tanto tempo – muitas vezes anos – até aparecerem só tornou a epidemia mais importante: durante todo o tempo em que se julgavam sãs, pessoas infectadas puderam contaminar outras com toda a inocência.

A seropositividade é o nome que se dá ao estado das pessoas que estiveram em contacto com o vírus da Sida e que podem portanto transmiti-lo mesmo que elas próprias não tenham ainda nenhuma manifestação visível da doença.

Como?

O VIH (vírus da Sida) está presente no sangue, no esperma e nas secreções vaginais. Transmite-se ainda mais facilmente se o organismo já estiver enfraquecido pela presença de outras DST que ocasionem lesões das mucosas genitais, permitindo ao vírus passar para o sangue.

O teste

Faz-se três meses depois de uma relação sobre qual não tenhamos a certeza de ter tido a protecção suficiente: logo a seguir a uma relação suspeita, o organismo ainda não teve tempo de reagir e a infecção ainda não é detectável. O teste consiste numa análise de sangue por dois métodos complementares.

Para evitar a contaminação

O preservativo, para a penetração vaginal e anal, assim como para o *fellatio*.

Um quadrado de látex, para o *cunnilingus* em caso de lesão da boca (aftas, irritação das gengivas...).

O tratamento

Hoje em dia existe um tratamento. Está acessível, pelo menos nos países ocidentais, onde os pacientes e o seu sistema de protecção médica têm meios de pagar um tratamento caro, pesado e constrangedor, que será necessário continuar até ao fim da vida a fim de manter as manifestações do vírus à distância.

O facto de os investigadores terem aperfeiçoado estes tratamentos – a triterapia, que consiste em associar três remédios diferentes num mesmo tratamento, é a mais difundida neste momento – contribuiu para tranquilizar um pouco toda a gente, depois da vaga de inquietação, se não de pânico, criada pela descoberta de uma doença perniciosa que trazia devastação. Depois do medo, interveio um alívio muito compreensível: finalmente o tratamento existe! O problema é que este alívio foi acompanhado de um relaxamento nas precauções, como se o facto de existir tratamento significasse que a própria doença tinha desaparecido...

Resultado: muitas pessoas passaram a tomar menos precauções do que anteriormente, a utilização do preservativo começou a recuar... e a doença ganhou terreno...

O tratamento consiste na tomada quotidiana de medicamentos cuja combinação permite ao corpo resistir. A seropositividade mantém-se, claro, mas a doença não se declara, mesmo ao fim de alguns anos. Um seropositivo continua no entanto a ser, evidentemente, portador do vírus e pode portanto transmiti-lo a outra pessoa. É portanto extremamente importante tomar todas as precauções: utilizar sistematicamente o preservativo é, evidentemente a primeira coisa a respeitar, mas é preciso também pensar em controlar as pequenas feridas nas gengivas, os pequenos sangramentos resultantes de uma escovadela de dentes um pouco mais enérgica. Atenção também aos microcortes nas mãos ou nos pés: são portas abertas para os vírus.

Acabei de saber que sou seropositivo

É um rude golpe para o moral, mas não entre em pânico.

É absolutamente imperativo que fale com a sua parceira e que lhe peça para fazer um teste. Contacte também as pessoas com quem possa ter tido relações sexuais nos últimos tempos.

Que este longo capítulo não o torne demasiado desconfiado ou paranóico: pode-se evidentemente fazer amor com toda a confiança com uma pessoa seropositiva, com a condição de que cada um dos parceiros respeite precauções estritas. A seropositividade não é entrave para a ternura nem para a atenção para com o outro, que são apesar de tudo os dois ingredientes essenciais para uma vida afectiva e sexual plena. Paradoxal? A seropositividade de um dos parceiros pode trazer ao casal um novo respeito um pelo outro, e uma confiança que a ausência de qualquer risco, de qualquer doença, talvez não tivesse deixado emergir.

Boas notícias

A tão esperada vacina está evidentemente em processo de elaboração e todos os grandes laboratórios farmacêuticos entraram numa guerra sem quartel para serem os primeiros a lançá-la no mercado....

Por uma vez, os interesses financeiros – o que disponibilizar a vacina contra a Sida terá assegurada uma fortuna colossal! – vão ao encontro dos dos utilizadores... Enquanto se espera a sua divulgação, a maior prudência continua a ser aconselhada e ainda durante muitos anos: uma vez que esta esteja pronta ainda terá de ser sujeita a testes de inocuidade durante vários anos antes que seja dada autorização para ser posta no mercado. Prudência e perseverança continuam portanto a ser de bom--tom, mas continuar de boa saúde vale largamente os pequenos esforços, não?

Hoje em dia, há testes que permitem saber se estivemos expostos ao vírus e os tratamentos mantêm a doença à distância. É preciso saber que um tratamento aplicado logo a seguir à contaminação permite impedir, em 80% dos casos, de desenvolver a seropositividade. Dito de outra maneira: quanto mais cedo começar o tratamento mais eficaz ele é. Em caso de dúvida, não hesite em contactar um médico, um centro profilático ou a Linha Sida (ver abaixo). Existem um pouco por todo o lado centros de despistagem anónima e gratuita que permitem tranquilizar-nos ou, em caso de seropositividade comprovada, tomar as coisas em mão rapidamente.

A saber

Em inglês Sida diz-se AIDS, de Acquired Immune Deficiency Syndrome.

O lado deles

Ajuda na ponta da linha...

A Linha Sida dá, por telefone, informações e conselhos preciosos e comunica as coordenadas do centro de despistagem – anónimo e gratuito – mais próximo de si:

Tel: 800 26 66 66

Outros apoios: Abraço 800 225 115

...e navegando na Internet

www.sida.pt

www.abraco.org

juventude.gov.pt/PortalJuventude/EstilosVida/saude/VIH-SIDA

Outras DST (doenças sexualmente transmissíveis)?

■ *Ver também* Blenorragia, Clamídia, Hepatite B, Doenças sexualmente transmissíveis, Piolhos genitais, Herpes, Sida, Sífilis.

Sífilis

A sífilis são as terríveis bexigas que fizeram tremer gerações inteiras até ao século XIX. Uma doença muito difundida em todos os meios e que fazia verdadeiras razias, pois os tratamentos não se mostravam nada eficazes... A sífilis manteve-se durante séculos em primeiro lugar no top 10 das "doenças vergonhosas" – era assim que se chamavam as nossas modernas DST.

Assinalada desde o século XVI, a sífilis teria sido importada para França por soldados que tinham ido para a guerra em Itália: tê-la-iam trazido juntamente com o seu saque... Daí o apelido de "mal de Nápoles" pelo qual a sífilis foi durante tanto tempo conhecida. Mas os italianos têm uma versão muito diferente desta história: em Itália o "mal de Nápoles" chama-se "mal francês"!

Pouco importa de onde vem a doença; o importante para nós é que está hoje em dia perfeitamente documentada e é fácil de tratar, graças aos antibióticos.

O lado deles

Felizmente, porque uma sífilis não tratada causa sérios danos ao sistema nervoso, ao coração e ao esqueleto...

Outras DST (doenças sexualmente transmissíveis)?

■ *Ver também* Blenorragia, Clamídia, Hepatite B, Doenças sexualmente transmissíveis, Piolhos genitais, Verrugas genitais, Herpes, Sida.

SM

■ *Ver* Sadomasoquismo.

Sodomia

"Sai da frente, ó rabeta!" Um carro mal estacionado, um sinal que não percebemos suficientemente cedo que tinha passado a verde: no trânsito os insultos raramente se fazem esperar! É em todo o caso a ocasião de constatar que na nossa sociedade a sodomia não é tida em grande conta: na linguagem corrente, é ainda um insulto frequente e grave, um tabu difícil de ultrapassar...

A sodomia está evidentemente ligada ao ânus, logo aos dejectos. Todos os pais ficam orgulhosos quando a sua criança começa a pedir para ir ao bacio: esta passagem a uma gestão racional dos dejectos – o fim das fraldas! – é uma verdadeira entrada no mundo social.

Ao inverso, haveria alguma regressão no interesse por uma parte do corpo tão directamente ligada à defecação.

Em vários países a penetração anal foi, durante muito tempo, considerada como o único meio de um homem fazer amor sem se arriscar a ter um filho, e para a mulher de satisfazer os apetites do seu amante – e não obrigatoriamente os seus... – mantendo-se virgem para o casamento. Uma solução de compromisso, à espera de melhor...

Para os homossexuais homens, é evidentemente outra questão: a sodomia faz parte, para eles, do comportamento sexual corrente.

Fazer amor continuando virgem, fazer amor com outro homem: a sodomia quebra dois tabus muito fortes e antigos; é provavelmente por isso que não é bem vista.

E no entanto...

E no entanto, tanto nos homens como nas mulheres, o ânus é uma zona extremamente sensível; apesar de tudo é uma mucosa, assim como os lábios ou o sexo. Porque não transformá-la em zona de prazer? Sobretudo porquê recusar-se a admitir que ali está uma nova fonte de prazer a partilhar? Atreva-se a ultrapassar o tabu da sodomia, considere as suas nádegas e as da sua parceira como um novo e prometedor terreno de jogo e de prazer. Para o diabo com os tabus! Aproveite um momento de tranquilidade para passar um dedo sobre o seu ânus: é realmente uma zona muito sensível, móvel mesmo, e musculada. Massaje ligeiramente, relaxe o esfíncter, esse músculo anelar que envolve o ânus, introduza muito calmamente um dedo lubrificado com um pouco de saliva ou de lubrificante: reconheça que não é desagradável!

No seu próximo encontro amoroso, ouse algumas lambidelas na direcção do ânus da sua parceira, acaricie suavemente esta região do seu corpo, e fique atento às suas reacções: depois do primeiro momento de espanto, provavelmente o prazer.

Falem sobre o assunto, e talvez decidam ir mais longe, muito mais longe!

Tanto para um como para o outro, com o sexo ou com um godemiché manipulado com delicadeza, a sodomia pode ser uma descoberta erótica muito excitante.

As precauções a ter

Ultrapassar o tabu do cocó e chichi deve ser acompanhado de algumas precauções elementares. Primeiro, é evidente, uma higiene perfeita: direcção casa de banho para uma toilette ainda mais minuciosa do que de costume.

Pense no lubrificante, para massajar suavemente toda a região anal, lubrificar os dedos. Quando estes simples jogos de mãos já não lhe chegarem, quando passar a uma penetração, pense em utilizar um lubrificante não gorduroso, que não danifique o látex dos preservativos.

Outras fantasias?

■ *Ver também* A Vários, Bondage, Exibicionismo, Fetichismo, Lingerie, Sodomia, Voyeurismo.

T de

Testículos ▪ Testosterona ▪
Toalha quente ▪ Transsexual ▪
Travesti ▪ Triolismo ▪
Troca de casais ▪ Turismo sexual

O lado deles

Testículos

Bom, está bem, sabe o que são os testículos... Leia na mesma este pequeno capítulo, aprenderá certamente alguma coisa.

Os testículos estão fechados numa bolsa de pele, o escroto, também conhecido por "bolas". No momento da erecção, os testículos, que normalmente vivem a sua vida na parte debaixo das bolas, sobem para a base do pénis. Sabia que os testículos não ficam logo alojados nas bolas? Só nos últimos meses de gravidez é que para lá descem. Às vezes, aliás, só um dos testículos decide fazer a viagem, o outro prefere ficar no quentinho, um pouco mais alto. Um dos primeiros exames aos recém-nascidos consiste em verificar que os dois testículos desceram para as bolas; em caso contrário, uma operação benigna impõe-se. Porquê? Pela simples razão de que para cumprir correctamente a sua função, os testículos precisam de estar no exterior do corpo, num sítio em que a temperatura seja francamente mais baixa do que no resto do corpo.

T

Os testículos fabricam com efeito os espermatozóides, que são incapazes de sobreviver no calor do corpo humano; precisam portanto de um lugarzinho especial, "climatizado", onde possam debater-se em toda a liberdade enquanto esperam a corrida para o óvulo...

A propósito, estudos muito sérios – e um pouco alarmantes – dão notícia de que na maior parte dos países ocidentais está a haver uma baixa considerável do número de espermatozóides contidos no esperma em cada ejaculação, de há uns trinta anos para cá. Os responsáveis? As calças e as cuecas demasiado apertadas, cujo contacto aquece sensivelmente as bolas ao ponto de impedir a sobrevivência de boa parte desses bravos espermatozóides... Então, vivam as calças largas e os boxers! Os testículos servem também para fabricar hormonas, dos quais a mais importante é a testosterona, que representa um papel essencial no desenvolvimento de uma criança de sexo masculino. Os testículos são portanto uma parte essencial da sua anatomia. Essencial mas frágil, porque ela é externa, logo particularmente exposta. Eis porque os adeptos de desportos um pouco mais rudes ou francamente violentos protegem esta zona usando uma coquilha que põe os seus preciosos atributos ao abrigo dos golpes violentos.

Último ponto: uma palavra sobre o cancro dos testículos. É uma afecção relativamente rara, felizmente, e que, como a maioria dos cancros, se trata facilmente se for diagnosticado suficientemente cedo. A maneira de o detectar? Uma simples palpação dos testículos permite detectar um eventual inchaço. A praticar uma vez por mês, fazendo rodar lentamente um testículo a seguir ao outro entre o polegar e o indicador.

Testosterona

A testosterona é uma hormona masculina fabricada pelos testículos. Tem uma grande importância para os homens pois estimula o desenvolvimento dos órgãos genitais e determina o aparecimento dos caracteres secundários masculinos.

Bom dia, querida!

É ao acordar que a taxa de testosterona está mais alta... e que temos mais hipóteses de atingir o orgasmo. Então porque não começar o dia com algumas cambalhotas?

Se quisermos mesmo...

O tabaco perturba a circulação sanguínea e reduz a produção de testosterona. Ora, uma boa taxa de testosterona e uma boa irrigação sanguínea são condições essenciais a reunir na cama... E parece que depois de deixar de fumar se conhecem mais orgasmos. Então...

Se pudermos...

A evitar também: o stress! A acumulação de pequenas tensões do quotidiano atrapalha a produção de testosterona e de DHEA, duas hormonas cúmplices do desejo...

■ *Ver também* Comer.

O lado deles

Toalha quente

Os restaurantes asiáticos fizeram-nos descobrir o prazer de uma toalha húmida e quente para passarmos na cara e nas mãos: tem um efeito refrescante garantido, depois de uma sensação de calor intenso. Porque não amplificar esse prazer e fazer beneficiar dele todo o seu corpo e o da sua parceira? Pegue numa toalha, molhe-a antes de a colocar cerca de trinta segundos no microondas.

Passe-a delicadamente na cara e em todo o corpo da sua parceira deitada de costas.

Outros acessórios?

■ *Ver também* Bolas de geisha, Escova de dentes eléctrica, *Cock ring*, Godemiché, Molas da Roupa, Espanador, Toalha Quente, Vibrador.

Transsexual

Um transsexual é uma pessoa que considera que a natureza se enganou e lhe atribuiu um corpo que não corresponde ao que ela sente no mais profundo de si própria.

Hoje em dia as operações cirúrgicas e a tomada de hormonas permitem a homens "recuperar" o corpo de mulher que sempre quiseram ter, ou a mulheres viver num corpo de homem. Estas mudanças irreversíveis são seguidas evidentemente de acompanhamento médico e psicológico. Permitem aos homens ou às mulheres sentirem-se bem na sua "verdadeira" pele, evitam depressões graves e mesmo suicídios, mas não facilitam de forma alguma as coisas a nível administrativo: o caminho é longo para que o Zé-Manel se transforme em Brígida pois nem toda a gente tem a sorte de ter um nome que dê para os dois sexos. E quanto a conseguir mudar o M por um F no BI, é outro bico-de-obra!

Os candidatos à mudança de sexo são submetidos a uma verdadeira maratona jurídico-médica, no fim da qual obtêm o direito a ser operados, e a programar a sua transformação. São obrigados a ter várias entrevistas com assistentes sociais, médicos, psicólogos.

Esta lentidão administrativa é sem dúvida difícil de suportar pelos candidatos à mudança de sexo, mas permite também às equipas médicas e psicológicas testar os seus verdadeiros motivos.

Uma vez todas as barreiras levantadas – o que leva vários anos – a operação é tida em consideração, segue-se uma tomada de hormonas que modificam o corpo pouco a pouco, a pilosidade, a voz. Mas isso não se faz num dia.

É preciso aprender a viver com um corpo em plena transformação, vestir-se, andar, comportar-se de maneira diferente. Enfrentar o olhar dos outros – na rua, no trabalho, no seio da família – durante todo este período de transição é certamente a prova mais longa e a mais dolorosa. Os candidatos à mudança de sexo estão perfeitamente conscientes do facto, e a sua determinação tem algo de extremamente corajoso que força a admiração.

Travesti

O travesti enverga os hábitos de um representante do sexo oposto, por fantasia sexual ou simplesmente para fazer um show! Exemplos? Os artistas de cabaré masculinos que sucessivamente se transformam em Sylvie Vartan e Dalida, ou Madonna, ou Tina Turner... Mais longe e mais literário: George Sand, que usava sobrecasaca e fumava charutos em pleno século XIX.

Os travestis são na maioria dos casos homossexuais, mas também se encontram entre eles pais de família que se permitem uma pequena fantasia! O travesti opera uma transformação momentânea, apenas de vestuário; assim que o espectáculo acaba e tira a peruca, reintegra a sua personalidade e os seus hábitos de homem. É uma diferença essencial em relação ao transsexual, cuja transformação é definitiva.

Triolismo

No *ménage à trois*, há três pessoas envolvidas. O que quer dizer duas e uma: o casal e um convidado... ou uma convidada, porque é uma fantasia muito frequente entre os rapazes fazer amor com duas mulheres ao mesmo tempo (é preciso ter pedalada!) ou de ver a sua amiga a fazer amor com outra mulher. Sim, sim, são as sondagens que no-lo dizem!

Se ela estiver de acordo, porque não? É uma maneira de apimentar os jogos amorosos. Mas é de facto necessário que estejam os dois na mesma onda, para evitar rancores e arrependimentos no fim.

Outro imperativo: estejam os dois extremamente atentos no que diz respeito à higiene e ao uso dos preservativos. Conhecem-se há muito tempo?

Fizeram ambos os testes e deram negativo? Fazem amor juntos sem preservativo? Não se esqueçam de que a intervenção de um terceiro elemento põe de novo tudo em questão. Então volte a pôr a mão na caixa de preservativos ou corra a comprar uma.

Liberal, liberal

Ela está de acordo em que outra libertinazinha venha partilhar os vossos jogos... E você, está de acordo em que outro rapaz venha ter convosco uma destas noites?! Seria no entanto uma maneira de devolver a cortesia!

■ *Ver também* A vários, Troca de casais.

Troca de casais

Como o nome indica, esta prática sexual consiste em trocar de parceiros entre dois casais. O senhor X com a senhora Y, a senhora X com o senhor Y... ou com outras letras do alfabeto.

É uma fantasia frequente, sobretudo entre os rapazes, que se imaginam a observar a sua parceira a fazer amor com outro homem. Em todo o caso, antes de se lançarem, falem disso muitas vezes, para estarem realmente seguros do que vão fazer.

O lado deles

A saber

Os clubes de troca de casais têm hoje em dia casa própria. É tranquilizador saber isso, dado que a maioria deles são muito estritos quanto às motivações reais e à seriedade dos seus aderentes.

■ *Ver também* A vários, Triolismo.

Turismo sexual

A expressão é clara, trata-se efectivamente de homens e de mulheres que se deslocam a países com graves dificuldades económicas, não para descobrir novas paisagens, visitar cidades ou monumentos, encontrar pessoas que vivem de uma maneira completamente diferente da deles, mas unicamente para ter relações sexuais com os seus habitantes... mediante pagamento.

Tendo em conta as dificuldades económicas que conhecem a maioria desses países, tendo em conta sobretudo a diferença enorme que existe entre o valor da moeda local e a dos turistas em visita, compreende-se facilmente que seja fácil convencer alguém a prostituir-se...

Não vale a pena alongarmo-nos sobre o lado abjecto destas práticas, que dão todo o poder a pessoas cuja moeda é forte, de saciar os seus desejos em detrimento de populações pobres e indefesas. As coisas complicam-se quando tudo isto se organiza em verdadeiras redes de prostituição montadas para os turistas sexuais, com proxenetas locais, casas de passe e tudo o que isso significa para as jovens vítimas: reclusão, intimidações, extorsão e matanças... E tudo isto se torna particularmente odioso quando se trata de crianças... Cada um sabe hoje em dia que crianças, raparigas ou rapazes, cada vez mais novos – às vezes com menos de oito anos – são arrastados para as cidades onde os esperam esses turistas de um género muito especial, ávidos de carne fresca. Alguns dólares para destruir para todo o sempre a psicologia de um rapazinho ou de uma menina, empurrados com sete ou oito anos para um universo sórdido, de onde é muito difícil escapar-se...

O lado deles

Precisão

Fala-se de "turistas sexuais". Mas que esta palavra não o iluda: o turismo sexual também inclui mulheres... Segundo organizações humanitárias, 75% dos abusos sexuais sobre menores no Vietname são cometidos por mulheres!

Ude

Umbigo

O lado deles

Umbigo

Uma parte do corpo extremamente sensível às carícias hábeis, que aí desencadeiam grandes arrepios de prazer que se espalham em ondas concêntricas. Uma pele fina e delicada, a acariciar e a beliscar suavemente, enquanto se desce para as ancas.

O umbigo, mesmo no meio da barriga... A barriga, a maldição dos homens com mais de 30 anos... As sondagens são formais: as mulheres são muito menos sensíveis do que se pensa quanto à imagem do corpo perfeito que se vê na publicidade e nas revistas. Melhor do que isso: muitas vezes acham enternecedora uma barriga um bocadinho arredondada, que pode ser uma almofada muito confortável.

Mas enfim, daí a não fazer nenhum tipo de desporto e a só comer hambúrgueres...

Outras zonas erógenas?

■ *Ver também* Axilas, Ânus, Boca, Cabelos, Pescoço, Interior das Coxas, Orelhas, Períneo, Ponto G, Mamilos.

V de

Vagina ▪ *Vagina dentata* ▪
Vaginal ou clitoridiana? ▪ Verga ▪
Verrugas genitais ▪ Vibrador ▪
Violação ▪ Virgindade (perder a) ▪
Voyeurismo ▪ Vulva

O lado deles

Vagina

A vagina é a parte do aparelho genital feminino que vai da vulva até ao colo do útero.

■ *Ver também* Órgãos genitais da mulher.

Vagina dentata

Eis um fantasma velho como o mundo, muito bizarro mas ainda presente, parece, no inconsciente dos homens... Este fantasma é o da *vagina dentata* ou vagina dentada... A ideia totalmente absurda mas aterradora de que a vagina pudesse estar munida de dentes, capazes de seccionar um pénis em menos de uma palha! Na origem desta cruel fantasia, está evidentemente o facto de que os órgãos sexuais femininos são muito mais escondidos, mais secretos e misteriosos do que os dos homens.

Outra explicação: as potentes contracções musculares vaginais, no momento do orgasmo, que "retêm" o sexo do homem na vagina...

A melhor maneira de fugir a esta fantasia mórbida?

Interessar-se de perto pelo "mistério" do sexo da mulher. A sua parceira com certeza que não se irá queixar! E a *vagina dentata* irá fazer companhia ao medo do lobo mau e do papão na secção dos velhos terrores infundados.

■ *Ver também* A Vários, *Bondage*, Exibicionismo, Fetichismo, Lingerie, Sodomia, Voyeurismo.

Vaginal ou clitoridiana?

Eis a questão... E quando se conhece a resposta, podem-se tirar uma série de ensinamentos para conseguir uma vida sexual ainda mais agradável.

Estudos sérios revelam que perto de 70% das mulheres não têm orgasmos vaginais. Noutros termos, a penetração não é condição expressa do seu prazer, sendo o estímulo do clítoris a porta que lhes abre o sétimo céu: 68% das mulheres "entram em órbita" desta maneira.

O lado deles

Eis como tranquilizar os homens provando-lhes, se houver necessidade disso, que o tamanho do seu sexo não é uma questão de Estado, visto que a penetração está muito longe de ter a mesma importância para as mulheres do que para eles.

Eis também como questioná-los sobre os seus reais talentos como amantes: quantos homens estão realmente atentos aos desejos das suas parceiras? Quantos tomam em consideração o seu tempo de reacção, a subida progressiva da sua excitação? Quantos sabem atarefar-se longamente sobre o clítoris da sua amante, até lhe provocar um verdadeiro orgasmo?

Por outro lado, isto relativiza também o famoso problema, causador de tantos complexos, da ejaculação precoce. A penetração não é um fim em si para a maior parte das mulheres, que preferem muitas vezes os preliminares longos e muito desenvolvidos. Um ejaculador precoce poderá mesmo revelar-se um amante maravilhoso se se mostrar, "depois", à escuta da sua parceira, atento a proporcionar-lhe um prazer que não tem nada a ver com a simples penetração... Mais do que um casal se terá considerado satisfeito desta maneira...

Verga

O corpo da verga é constituído por tecidos ditos erécteis. A excitação fá-los encher-se de sangue até levantar a verga, que ganha volume e tamanho: está então pronta para passar à acção. No momento da ejaculação, o esperma é projectado para fora da uretra por uma série de contracções musculares. É preciso então esperar um pouco – de alguns minutos a algumas horas, consoante a idade do sujeito e a sua forma física geral – antes que os estímulos eróticos consigam voltar a dar todo o seu vigor à verga. Contrariamente às mulheres, os homens não têm portanto a mínima hipótese de conhecer orgasmos múltiplos: estão desta maneira limitados pelo tempo de resposta do seu sexo...

O lado deles

Verrugas genitais

O nome diz tudo: trata-se de uma doença sexualmente transmissível, causada pelo vírus *papiloma*, que se manifesta pela aparição de verrugas à volta da glande, na vagina ou na região anal. Estas verrugas são microscópicas de início, mas aumentam se não forem tratadas a tempo e podem atingir uma dimensão respeitável e muito aborrecida (perto de três centímetros), também conhecidas simplesmente como papilomas.

É preciso saber que esta afecção pode tornar-se séria se não for tratada convenientemente cedo: 95% (é imenso!) dos cancros do útero são devidos às verrugas genitais.

Em caso de dúvida, não hesite em consultar um médico: afinal é uma afecção comum e que não tem nada de vergonhoso. O tratamento é rápido e adapta-se à gravidade da situação: a aplicação local de uma loção pode chegar; também se podem queimar as verrugas com azoto líquido, tal como as verrugas "clássicas".

Se isto não for suficiente, é necessário um tratamento cirúrgico com laser, que inclui uma pequena estadia no hospital.

Boa notícia

Está actualmente em testes uma vacina; ela permitirá a imunização definitiva, com uma simples injecção durante a infância. Mas ainda não é para já…

**Outras DST
(doenças sexualmente transmissíveis)?**

■ *Ver também* Blenorragia, Clamídia, Hepatite B, Doenças sexualmente transmissíveis, Piolhos genitais, Herpes, Sida, Sífilis.

Vibrador

O vibrador é um grande clássico dos jogos eróticos. Vibra e vira-se em todos os sentidos e pode ser utilizado como um verdadeiro parceiro sexual pelo casal, uma espécie de pénis artificial que multiplica as possibilidades de jogos eróticos, de penetração e de prazer: *fellatio* e vibrador fazem uma boa parelha, por exemplo. Um instrumento a utilizar com suavidade e muitas precauções, mas que pode revelar-se muito excitante se o passearmos simplesmente ao longo do corpo do outro, percorrido de deliciosos arrepios... Um vibrador pode dar a uma mulher a sensação de ter também ela um pénis: sensação estranha e perturbadora também para o seu parceiro... talvez seja uma ocasião para tentar uma incursão para os lados da sodomia?

Outros acessórios?

■ *Ver também* Bolas de geisha, Escova de dentes eléctrica, *Cock ring*, Godemiché, Molas da Roupa, Espanador, Toalha Quente.

Violação

A violação consiste em ter relações sexuais com alguém que não as consentiu. São portanto obrigatoriamente actos muito violentos, que deixam sempre a vitima profundamente traumatizada. À incompreensão ("porquê eu?") acrescenta-se muitas vezes uma forma de culpabilidade ("o que é que eu fiz para provocar isto?").

As vítimas são magoadas fisicamente e sobretudo moralmente, pois a violação deixa sequelas para o resto da vida. Uma jovem rapariga que tenha sido violada demora em geral muitos anos até conseguir voltar a ter confiança suficiente num homem para ter relações sexuais com ele... sem falar das consequências que tem sobre o organismo uma penetração violenta e repetida...

Seja qual for a pena de prisão que se aplique ao autor da violação, a única que leva "perpétua" é a vítima...

Falar

Durante muito tempo as vítimas de violação não ousaram manifestar-se. Pode compreender-se: não é certamente fácil para uma jovem ir fazer queixa de violação a um posto de polícia... Hoje em dia as vítimas falam mais facilmente, o que permite muitas vezes prender o ou os violadores, mas também propor às vítimas uma assistência psicológica e um acompanhamento que as ajudarão a reestruturar-se depois daquilo por que passaram.

Os rapazes também

As violações de rapazes são mais raras do que as de raparigas... ou pelo menos fala-se menos sobre o assunto. Podem ter lugar no quadro de relações pedófilas, mas na maior parte dos casos acontecem nas prisões...

É ainda mais difícil para um rapaz falar sobre o assunto do que para uma rapariga. A vergonha relativamente à família e aos amigos, o medo do ridículo, o facto de ter sido agredido (mas a maior parte das vezes a vítima está sozinha contra vários...), tudo isto leva a que as vítimas prefiram calar-se. No entanto, o facto de se falar sobre um acontecimento tão traumatizante é uma maneira de o desdramatizar, o primeiro passo para uma reaprendizagem de uma vida normal, "como antes".

Virgindade (perder a)

Tanto para os rapazes como para as raparigas, a perda da virgindade é uma etapa importante da vida. Com a puberdade, é a segunda etapa que marca a entrada na idade adulta. A entrada num mundo que já não está só centrado na família e nos amigos, mas que também toma em conta a procura de uma relação privilegiada com uma pessoa específica. É também a ocasião de assumir verdadeiras responsabilidades de adulto: contracepção, práticas sexuais sem riscos...

Longe da mamã e do papá

A primeira experiência sexual passa-se muitas vezes – são os números a falar – fora do meio familiar, e sobretudo fora do país natal. Simbolicamente, deixar o país onde nascemos é cortar com a influência e a autoridade dos pais, e logo autorizar-se os primeiros actos de jovem adulto.

Uma viagem ao estrangeiro é com efeito a ocasião de se emancipar da autoridade paterna: deixamos a pátria – o "país do nosso pai" – para ir para um país onde não podemos falar a nossa língua... materna.

É portanto muitas vezes por ocasião de uma viagem que ocorre a primeira experiência sexual. Mas se vai brevemente partir para férias ou em viagem linguística para Inglaterra, não julgue que é por isso que alguma coisa vai acontecer! Neste campo não há pressas. Os desafios entre amigos são ridículos: cada um evolui ao seu ritmo e faz as suas experiências na sua hora. Para meditar, o velho provérbio chinês: "Quando o aluno está pronto, o mestre aparece"!

■ *Ver também* Idade das primeiras relações

Voyeurismo

O voyeurismo é o facto de se excitar por ver outras pessoas a fazer amor, quer estas saibam que se está a fazê-lo ou não.

Pode muito bem ser um simples jogo, uma encenação combinada com antecedência: um dos dois parceiros faz de conta que não sabe que o outro o observa enquanto toma um duche, um banho, se masturba...e nada proíbe que depois se passe a coisas mais sérias.

Hoje em dia, a Internet permite também "surfar" ao encontro de pessoas, sozinhas ou em casal, que instalaram em suas casas uma ou várias *webcams*. Estas câmaras, ligadas 24 horas sobre 24, permitem segui-los em todo o apartamento, façam o que fizerem, e em todas as situações possíveis... Pode ser muito divertido e muito excitante em pequenas doses, mas se este joguinho tiver tendência para se tornar invasivo e constituir a sua única forma de sexualidade, comece a questionar-se. Ver outras pessoas a fazer amor é uma maneira de se retirar da sua própria sexualidade. Para não correr riscos, por insegurança, por receio da rejeição, por medo de investir numa relação depois de uma decepção cuja recuperação está a ser difícil...Pode haver muitas razões para isso. Mas é preciso lembrar-se de que o voyeurismo é uma espécie de refúgio na passividade e, no caso da Internet, no virtual... A realidade continua a ser melhor, não é?

O voyeurismo vai obrigatoriamente acompanhado do exibicionismo (ver palavra).

Outras fantasias?

■ *Ver também* A Vários, *Bondage*, Exibicionismo, Fetichismo, Lingerie, Sodomia.

Vulva

A parte externa, visível, dos órgãos sexuais da mulher; engloba os grandes lábios, os pequenos lábios e o clítoris. O termo vulva designa também, mais particularmente, o orifício exterior da vagina.

■ *Ver também* Órgãos genitais da mulher.

6

9

da sua própria sexualidade. Para não tomar riscos, por medo de não assegurar, por receio da rejeição, por medo de investir numa relação depois duma decepção cuja recuperação está a ser difícil...Pode haver muitas razões para isso. Mas é preciso lembrar-se de que o voyeurismo é uma espécie de refúgio na passividade e, no caso da Internet, no virtual... A realidade continua a ser melhor, não é?

O voyeurismo vai obrigatoriamente de par em par com o exibicionismo (ver a palavra).

Outras fantasias?

■ *Ver também* A Vários, *Bondage*, Exibicionismo, Fetichismo, Lingerie, Sadomasoquismo, Sodomia.

Vulva

A parte externa, visível, dos órgãos sexuais da mulher; engloba os grandes lábios, os pequenos lábios e o clítoris. O termo vulva designa também, mais particularmente, o orifício exterior da vagina.

■ *Ver também* Órgãos genitais da mulher.

O lado delas

Voyeurismo

O voyeurismo é o facto de se excitar por ver outras pessoas a fazer amor, quer estas saibam que se está a fazê-lo ou não.

Pode muito bem ser um simples jogo, uma encenação combinada com antecedência: um dos dois parceiros faz de conta que não sabe que o outro o observa enquanto toma um duche, um banho, se masturba...e nada proíbe que depois se passe a coisas mais sérias.

Hoje em dia, a Internet permite também "surfar" ao encontro de pessoas, sozinhas ou em casal, que instalaram em suas casas uma ou várias *webcams*. Estas câmaras, ligadas 24 horas sobre 24, permitem segui-los em todo o apartamento, façam o que fizerem, e em todas as situações possíveis...

Pode ser muito divertido e muito excitante em pequenas doses, mas se este joguinho tiver tendência para se tornar invasivo e constituir a sua única forma de sexualidade, comece a questionar-se. Ver outras pessoas a fazer amor é uma maneira de se retirar

e sobretudo fora do país natal. Simbolicamente, deixar o país onde nascemos, é cortar com a influência e a autoridade dos pais, e logo autorizar-se os primeiros actos de jovem adulto.

Uma viagem ao estrangeiro é com efeito a ocasião de se emancipar da autoridade paterna: deixamos a pátria – o "país do nosso pai" – para ir para um país onde não podemos falar a nossa língua... materna.

É portanto muitas vezes por ocasião de uma viagem que ocorre a primeira experiência sexual. Mas se vai brevemente partir para férias ou em viagem linguística para Inglaterra, não julgue que é por isso que alguma coisa vai acontecer! Neste campo não há pressas. Os desafios entre amigos são ridículos: cada um evolui ao seu ritmo e faz as suas experiências na sua hora. A meditar, o velho provérbio chinês: "Quando o aluno está pronto, o mestre aparece"!

■ *Ver também* Idade das primeiras relações

tudo isto leva a que as vítimas prefiram calar-se. No entanto, o facto de se falar sobre um acontecimento tão traumatizante é uma maneira de a desdramatizar, o primeiro passo para uma reaprendizagem de uma vida normal, "como antes".

Virgindade (perder a)

Tanto para os rapazes como para as raparigas, a perda da virgindade é uma etapa importante da vida. Com a puberdade, é a segunda etapa que marca a entrada na idade adulta. A entrada num mundo que já não está só centrado na família e nos amigos, mas que também toma em conta a procura de uma relação privilegiada com uma pessoa específica. É também a ocasião de tomar verdadeiras responsabilidades de adulto: contracepção, práticas sexuais sem riscos...

Longe da mamã e do papá

A primeira experiência sexual passa-se muitas vezes – são os números a falar – fora do meio familiar,

Falar

Durante muito tempo as vítimas de violação não ousaram manifestar-se. Pode compreender-se: não é certamente fácil para uma jovem ir fazer queixa de violação a um posto de polícia... Hoje em dia as vítimas falam mais facilmente, o que permite muitas vezes prender o ou os violadores, mas também propor às vítimas uma assistência psicológica e uma escuta que as ajudarão a reestruturar-se depois daquilo por que passaram.

Os rapazes também

As violações de rapazes são mais raras do que as de raparigas... ou pelo menos fala-se menos sobre o assunto. Podem ter lugar no quadro de relações pedófilas, mas na maior parte dos casos acontecem nas prisões...

É ainda mais difícil para um rapaz falar sobre o assunto do que para uma rapariga. A vergonha relativamente à família e aos amigos, o medo do ridículo, o facto de ter sido agredido (mas a maior parte das vezes a vítima está sozinha contra vários...),

O lado delas

Violação

A violação consiste em ter relações sexuais com alguém que não as consentiu. São portanto obrigatoriamente actos muito violentos, que deixam sempre a vitima profundamente traumatizada. À incompreensão ("porquê eu?") acrescenta-se muitas vezes uma forma de culpabilidade ("o que é que eu fiz para provocar isto?").

As vítimas são magoadas fisicamente e sobretudo moralmente, pois a violação deixa sequelas para o resto da vida. Uma jovem que tenha sido violada demora em geral muitos anos até conseguir voltar a ter confiança suficiente num homem para ter relações sexuais com ele... sem falar das consequências que tem sobre o organismo uma penetração violenta e repetida...

Seja qual for a pena de prisão que se aplique ao autor da violação, a única que leva "perpétua" é a vítima...

Vibrador

O vibrador é um grande clássico dos jogos eróticos. Vibra e vira-se em todos os sentidos e pode ser utilizado como um verdadeiro parceiro sexual pelo casal, uma espécie de pénis artificial que multiplica as possibilidades de jogos eróticos, de penetração e de prazer: *fellatio* e vibrador fazem uma boa parelha, por exemplo. Um instrumento a utilizar com suavidade e muitas precauções, mas que pode revelar-se muito excitante se o passearmos simplesmente ao longo do corpo do outro, percorrido de deliciosos arrepios... Um vibrador pode dar a uma mulher a sensação de ter também ela um pénis: sensação estranha e perturbadora também para o seu parceiro... talvez seja uma ocasião para tentar uma incursão para os lados da sodomia?

Outros acessórios?

■ *Ver também* Bolas de geisha, Escova de dentes eléctrica, *Cock ring*, Godemiché, Molas da Roupa, Espanador, Toalha Quente.

rem de sangue no momento da excitação. Esses cilindros incham ao mesmo tempo que o pénis aumenta de volume e se endireita orgulhosamente: é a erecção, o sinal indiscutível que qualquer coisa se passa. A erecção dura mais ou menos tempo, de acordo com a idade e o estado de saúde geral. Termina muito pouco tempo depois da ejaculação. Depois, é necessário esperar um pouco (alguns minutos ou... algumas horas, segundo a idade e a forma física do rapagão) antes que o pénis consiga retomar o seu vigor. Pois é, contrariamente às mulheres, os homens não podem ter orgasmos múltiplos: é um pouco o seu sexo quem decide. Mas todos sabem que sobre esta questão não é a quantidade que conta, mas sim a qualidade das relações... Uma última questão: um órgão que se incha de sangue quando é estimulado ou excitado, e se endireita, não a faz lembrar qualquer coisa? Pois é, o clítoris funciona exactamente como um pequeno pénis secreto...

Outras fantasias (mais excitantes!)?

■ *Ver também* A Vários, *Bondage*, Exibicionismo, Fetichismo, Lingerie, Sadomasoquismo, Sodomia, Voyeurismo.

Vaginal ou clitoridiana?

Estudos muito sérios revelam que perto de 70% das mulheres não têm orgasmos vaginais. Noutros termos, a penetração não é condição expressa do seu prazer, sendo o estímulo do clítoris a porta que lhes abre o sétimo céu: 68% das mulheres "entram em órbita" desta maneira de todas as vezes. Se for este o seu caso, diga-o ao seu parceiro, porque a maioria dos homens apenas concebe fazer amor com uma penetração incluída...

Verga

A verga é formada por um conjunto de cilindros esponjosos que têm a particularidade de se enche-

O lado delas

Vagina

A vagina é a parte do aparelho genital feminino que vai da vulva até ao colo do útero.

■ *Ver também* Órgãos genitais da mulher.

Vagina dentata

Eis um fantasma velho como o mundo, muito bizarro mas ainda presente, parece, no inconsciente dos homens... Este fantasma é o da *vagina dentata* ou vagina dentada... A ideia totalmente absurda mas aterradora de que a vagina pudesse estar munida de dentes, capazes de seccionar um pénis em menos de uma palha!

Na origem desta cruel fantasia, está evidentemente o facto de que os órgãos sexuais femininos são muito mais escondidos, mais secretos e misteriosos do que os dos homens.

Outra explicação: as potentes contracções musculares vaginais, no momento do orgasmo, que "retêm" o sexo do homem na vagina...

V de

Vagina ▪ *Vagina dentata* ▪
Vaginal ou clitoridiana? ▪ Verga ▪
Vibrador ▪ Violação ▪
Virgindade (perder a) ▪
Voyeurismo ▪ Vulva

O lado delas

Umbigo

Esta parte do corpo é extremamente sensível às carícias hábeis, que nela desencadeiam grandes arrepios de prazer que se espalham em ondas concêntricas. Uma pele fina e delicada, a acariciar e a beliscar suavemente, enquanto se desce para as ancas.

Um lindo umbigo num lindo ventre liso....Na realidade, os homens não ligam muito a isso! Aliás, tal como as mulheres, que são muito menos sensíveis do que se pensa aos abdómens mais generosos.

Um ventre ligeiramente arredondado agrada à maior parte dos homens: todas as estatísticas mostram que os homens preferem um pouco de formas, com seios, ancas, nádegas...Tanto pior para as manequins!

Outras zonas erógenas?

Ver também Axilas, Ânus, Boca, Cabelos, Pescoço, Interior das Coxas, Orelhas, Períneo, Ponto G, Testículos, Mamilos.

U de

Umbigo

a uma semana ou quinze dias de trabalho... Não vale a pena alongarmo-nos sobre o lado abjecto destas práticas, que dão todo o poder a pessoas cuja moeda é forte, de saciar os seus desejos em detrimento de populações pobres e sem defesa. É preciso saber que o turismo sexual está organizado em verdadeiras redes, com bordéis onde se encontram raparigas jovens, mas também crianças, trazidas para as cidades por proxenetas sem escrúpulos. Na maioria dos casos, foram compradas aos pais, camponeses pobres da região, por alguns dólares, persuadindo-os que vão tomar conta da sua escolaridade na cidade...

As mulheres também....

O turismo sexual é cada vez mais acusado pelos defensores dos direitos do homem. Estão em marcha movimentos de resistência. Mas é necessário saber que este proxenetismo especialmente abjecto não é somente um crime dos homens: segundo os organismos humanitários, 75% dos abusos sexuais cometidos sobre menores no Vietname são cometidos por mulheres!

maioria deles são muito estritos quanto às motivações reais e à seriedade dos seus aderentes.

■ *Ver também* A vários, Triolismo.

Turismo sexual

A expressão é clara, trata-se efectivamente de homens e de mulheres que se deslocam a países com graves dificuldades económicas, não para descobrir novas paisagens, visitar cidades ou monumentos, encontrar pessoas que vivem de uma maneira completamente diferente da deles, mas unicamente para ter relações sexuais com os seus habitantes... mediante pagamento.

Tendo em conta as dificuldades económicas que conhecem a maioria desses países, tendo em conta sobretudo a diferença enorme que existe entre o valor da moeda local e a dos turistas em visita, compreende-se facilmente que seja fácil de convencer alguém a prostituir-se... Mostrar-se conciliador permite-lhes ganhar rapidamente o equivalente

O lado delas

mão na caixa de preservativos ou corra a comprar uma.

■ *Ver também* A vários, Troca de casais.

Troca de casais

Tal como o nome indica, esta prática sexual consiste em trocar de parceiros entre dois casais. O senhor X com a senhora Y, a senhora X com o senhor Y... ou com outras letras do alfabeto.

É uma fantasia frequente, sobretudo entre os rapazes, que se imaginam a observar a sua parceira a fazer amor com outro homem. Atenção: não se deixe convencer se não estiver realmente interessada. Uma aventura deste género corre o risco de desestabilizar o casal e certamente não dá a mecha para o sebo. Diga-lhe para o consolar que as melhores fantasias são as que ainda não foram satisfeitas!

A saber

Os clubes de troca de casais têm hoje em dia casa própria. É tranquilizador saber isso, dado que a

Triolismo

No *ménage à trois*, há três pessoas envolvidas. O que quer dizer duas e uma: o casal e um convidado... ou uma convidada, porque é uma fantasia muito frequente entre os rapazes fazer amor com duas mulheres ao mesmo tempo (é preciso ter pedalada!) ou de ver a sua amiga a fazer amor com outra mulher. Sim, sim, são as sondagens que no-lo dizem!

Se ele estiver de acordo, porque não? É uma maneira de apimentar os vossos jogos amorosos. Mas é de facto necessário que estejam os dois na mesma onda, para evitar rancores e arrependimentos no fim.

Outro imperativo: estejam os dois extremamente atentos no que diz respeito à higiene e ao uso dos preservativos. Conhecem-se há muito tempo? Fizeram ambos os testes e deram negativo? Fazem amor juntos sem preservativo? Não se esqueçam de que a intervenção de um terceiro elemento põe de novo tudo em questão. Então volte a pôr a

O lado delas

Toalha quente

Os restaurantes asiáticos fizeram-nos descobrir o prazer de uma toalha húmida e quente para passarmos na cara e nas mãos: tem um efeito refrescante garantido, depois de uma sensação de calor intenso.

Porque não amplificar esse prazer e fazer beneficiar dele todo o seu corpo e o do seu parceiro? Pegue numa toalha, molhe-a antes de a colocar cerca de trinta segundos no microondas.

Passe-a delicadamente na cara e em todo o corpo do seu parceiro deitado de costas. Certamente que ele vai gostar, mesmo que se tenha interrogado porque é que você foi usar o microondas a uma hora destas...

Outros acessórios?

■ *Ver também* Bolas de geisha, Escova de dentes eléctrica, *Cock ring*, Godemiché, Molas da Roupa, Espanador, Rolo da massa, Vibrador.

As bolas constituem uma das zonas mais sensíveis do corpo do homem. Portanto atenção aos gestos bruscos nessas paragens, às carícias um pouco violentas. Em contrapartida, nada proíbe – bem pelo contrário! – acariciá-las suavemente. Um pouco atrevido, como carícia? Sim e não. Pode ser uma excelente forma de "domesticar" o sexo do homem antes de passar a gestos mais precisos ou mais directamente sexuais, e pode ser um gesto cheio de ternura. O simples contacto dos dedos com os pêlos, à volta das bolas, é muito agradável; passe os seus dedos à sua volta, de vez em quando toque ligeiramente a pele. O escroto é uma zona muito receptiva, a percorrer – porque não um pouco de audácia – com pequenos golpes de língua. Mas atenção aos gestos bruscos!

■ *Ver também* Órgãos genitais do homem

Outras zonas erógenas?

■ *Ver também* Axilas, Ânus, Boca, Cabelos, Pescoço, Costas, Interior das coxas, Umbigo, Orelhas, Períneo, Ponto G, Mamilos.

O lado delas

Testículos

Os testículos são evidentemente aqueles dois "ovos" gémeos, fechados num pequeno saco de pele, o escroto, na base do pénis. Qual é a sua função? Têm duas. Em primeiro lugar, fabricar as hormonas masculinas, que marcam a verdadeira diferença entre os sexos. Sabia, por exemplo, que num rapazinho nascido sem testosterona, a principal hormona masculina, o seu escroto se assemelha aos grandes lábios e o pénis a um clítoris? Surpreendente, não é? É para frisar a importância destas hormonas e portanto da "fábrica" que as produz, os testículos.

O outro papel dos testículos: a elaboração do esperma. Os espermatozóides são pequenas criaturas muito úteis, mas um pouco caprichosas que têm necessidade de um clima específico para viver e desempenhar a sua função. A temperatura normal do corpo não lhes convém, necessitam de maior frescura. É por isso que a temperatura dos testículos é sensivelmente mais baixa do que os 37° C regulamentares.

T de

Testículos ▪ Toalha quente ▪ Triolismo ▪ Troca de casais ▪ Turismo sexual

Outras fantasias?

▪ *Ver também* A Vários, *Bondage*, Exibicionismo, Fetichismo, Lingerie, Sadomasoquismo, Sodomia, Voyeurismo.

fique atenta às suas reacções: depois do primeiro momento de espanto, provavelmente o prazer.

Falem sobre o assunto, e talvez decidam ir mais longe, muito mais longe!

Tanto para um como para o outro, com o sexo ou com um godemiché manipulado com delicadeza, a sodomia pode ser uma descoberta erótica muito excitante.

As precauções a ter

Ultrapassar o tabu do cocó e chichi acompanha-se de algumas precauções elementares. Primeiro, é evidente, uma higiene perfeita: direcção casa de banho para uma toilette ainda mais minuciosa do que de costume.

Pense no lubrificante, para massajar suavemente toda a região anal, lubrificar os dedos. Quando estes simples jogos de mãos já não lhe chegarem, quando passar a uma penetração, pense em utilizar um lubrificante não gorduroso, para não danificar o látex dos preservativos.

O lado delas

E no entanto...

E no entanto, tanto nos homens como nas mulheres, o ânus é uma zona extremamente sensível; apesar de tudo é uma mucosa, assim como os lábios ou o sexo. Porque não transformá-la em zona de prazer? Sobretudo, porque recusar-se a admitir que lá está uma nova fonte de prazer a partilhar? Atreva-se a ultrapassar o tabu da sodomia, considere as suas nádegas e as da sua parceira como um novo e prometedor terreno de jogo e de prazer. Para o diabo com os tabus! Aproveite um momento de tranquilidade para passar um dedo sobre o seu ânus: é realmente uma zona muito sensível, móvel mesmo, e musculada. Massaje ligeiramente, relaxe o esfíncter, esse músculo anelar que envolve o ânus, introduza muito calmamente um dedo lubrificado com um pouco de saliva ou de lubrificante: reconheça que não é desagradável!

No seu próximo encontro amoroso, ouse algumas lambidelas na direcção do ânus do seu parceiro, acaricie suavemente esta região do seu corpo, e

S

A sodomia está evidentemente ligada ao ânus, logo aos dejectos. Todos os pais ficam orgulhosos quando a sua criança começa a pedir para ir ao bacio: esta passagem a uma gestão racional dos dejectos – o fim das fraldas! – é uma verdadeira entrada no mundo social.

Em vários países a penetração anal foi, durante muito tempo, considerada como o único meio de um homem fazer amor sem se arriscar a ter um filho, e para a mulher de satisfazer os apetites do seu amante – e não obrigatoriamente os seus... – mantendo-se virgem para o casamento. Uma solução de compromisso, à espera de melhor...

Para os homossexuais homens, é evidentemente outra questão: a sodomia faz parte, para eles, do comportamento sexual corrente.

Fazer amor continuando virgem, fazer amor com outro homem: a sodomia quebra dois tabus muito fortes e antigos; é provavelmente por isso que não é bem vista.

Outras DST
(doenças sexualmente transmissíveis)?

■ *Ver também* Blenorragia, Clamídia, Hepatite B, Doenças sexualmente transmissíveis, Piolhos genitais, Verrugas genitais, Herpes, Sida.

SM

■ *Ver* Sadomasoquismo.

Sodomia

"Sai da frente, ó rabeta!" Um carro mal estacionado, um sinal que não percebemos suficientemente cedo que tinha passado a verde: no trânsito os insultos raramente se fazem esperar! É em todo o caso a ocasião de constatar que na nossa sociedade a sodomia não é tida em grande conta; é o mínimo que se pode dizer. Na linguagem corrente, é ainda um insulto frequente e grave, um tabu difícil de ultrapassar...

séculos em primeiro lugar no top 10 das "doenças vergonhosas" – era assim que chamavam as nossas modernas DST.

Documentada desde o século XVI, a sífilis teria sido importada para França por soldados que tinham ido para a guerra em Itália: tê-la-iam trazido juntamente com o saque... Daí o apelido de "mal de Nápoles" sob o qual a sífilis foi durante tanto tempo conhecida. Mas os italianos têm uma versão muito diferente desta história: em Itália o "mal de Nápoles" chama-se "mal francês"!

Pouco importa de onde vem a doença; o importante para nós é que está hoje em dia perfeitamente documentada e é fácil de tratar, graças aos antibióticos.

Felizmente, porque uma sífilis não tratada causa sérios danos ao sistema nervoso, ao coração e ao esqueleto...

...e navegando na Internet

www.sida.pt

www.abraco.org

juventude.gov.pt/PortalJuventude/EstilosVida/saude/VIH-SIDA

Outras DST (doenças sexualmente transmissíveis)?

■ *Ver também* Blenorragia, Clamídia, Hepatite B, Doenças sexualmente transmissíveis, Piolhos genitais, Herpes, Sífilis, Verrugas genitais.

Sífilis

A sífilis são as terríveis bexigas que fizeram tremer gerações inteiras até ao século XIX. Uma doença muito difundida em todos os meios e que fazia verdadeiras razias, pois os tratamentos não se mostravam nada eficazes... A sífilis manteve-se durante

quanto mais cedo começar o tratamento mais eficaz ele é.

Em caso de dúvida, não hesite em contactar um médico, um centro profilático ou a Linha Sida (ver abaixo). Existem um pouco por todo o lado centros de despistagem anónima e gratuita que permitem tranquilizar-nos ou, em caso de seropositividade comprovada, tomar as coisas em mão muito rapidamente.

A saber

Em inglês Sida diz-se AIDS, de Acquired Immune Deficiency Syndrome.

Ajuda na ponta da linha...

A Linha Sida dá, por telefone, informações e conselhos preciosos e comunica as coordenadas do centro de despistagem – anónimo e gratuito – mais próximo de si:

Tel: 800 26 66 66

Outros apoios: Abraço 800 225 115

piedade para serem os primeiros a lançá-la no mercado....

Por uma vez, os seus interesses financeiros – o que disponibilizar a vacina contra a Sida terá assegurada uma fortuna colossal! – vão ao encontro dos dos utilizadores...

Enquanto se espera a sua divulgação, continua a ser aconselhada a maior prudência e ainda durante muitos anos: uma vez que esta esteja pronta ainda terá de ser sujeita a testes de inocuidade durante vários anos antes que lhe seja dada autorização para ser posta no mercado. Prudência e perseverança continuam portanto a ser de bom-tom, mas continuar de boa saúde vale largamente os pequenos esforços, não?

Hoje em dia há testes que permitem saber se estivemos expostos ao vírus, e os tratamentos mantêm a doença à distância. É preciso saber que um tratamento aplicado logo a seguir à contaminação permite impedir, em 80% dos casos, que a seropositividade se desenvolva. Dito de outra maneira:

importante que elas também façam o teste, para não haver o risco de contaminarem o seu próximo parceiro.

Que este longo capítulo não a torne demasiado desconfiada ou paranóica: pode-se evidentemente fazer amor com toda a confiança com uma pessoa seropositiva, com a condição de que cada um dos parceiros respeite precauções estritas. A seropositividade não é entrave para a ternura nem para a atenção para com o outro, que são apesar de tudo os dois ingredientes essenciais para uma vida afectiva e sexual plena. Paradoxal? A seropositividade de um dos parceiros pode ter benefícios... Ela pode trazer ao casal um novo respeito um pelo outro, e uma confiança que a ausência de qualquer risco, de qualquer doença, talvez não tivesse deixado emergir.

Boas notícias

A tão esperada vacina está evidentemente em processo de elaboração e todos os grandes laboratórios farmacêuticos entraram numa guerra sem

mente importante tomar todas as precauções necessárias: utilizar sistematicamente o preservativo é, evidentemente a primeira coisa a respeitar, mas é preciso também pensar em controlar as pequenas feridas nas gengivas, os pequenos sangramentos resultantes de uma escovadela de dentes um pouco mais enérgica. Atenção também aos microcortes nas mãos ou nos pés: são portas abertas para os vírus.

A saber também: a triterapia é uma vitória prodigiosa, enquanto se espera a vacina, mas é também um tratamento difícil: é necessário tomar regularmente, todos os dias, medicamentos que podem não ser bem tolerados por toda a gente e podem provocar enjoos, dores de cabeça, diarreias...

Acabei de saber que sou seropositiva

É um rude golpe para o moral, mas não entre em pânico. É absolutamente imperativo que fale com o seu parceiro e que lhe peça para fazer um teste. Contacte também as pessoas com quem possa ter tido relações sexuais nos últimos tempos: é muito

associar três remédios diferentes num mesmo tratamento, é a mais difundida neste momento – contribuiu para tranquilizar um pouco toda a gente, depois da vaga de inquietação, se não de pânico, causada pela descoberta de uma doença perniciosa que trazia devastação. Depois do medo interveio um alívio muito compreensível: finalmente o tratamento existe! O problema é que este alívio foi acompanhado de um relaxamento nas precauções, como se o facto de existir tratamento significasse que a própria doença tinha desaparecido...

Resultado: muitas pessoas passaram a tomar menos precauções do que dantes, a utilização do preservativo começou a recuar... e a doença ganhou terreno...

O tratamento consiste na tomada quotidiana de medicamentos cuja combinação permite ao corpo resistir. A seropositividade mantém-se, claro, mas a doença não se declara, mesmo ao fim de alguns anos. Um seropositivo continua no entanto a ser, evidentemente, portador do vírus e pode portanto transmiti-lo a outra pessoa. É portanto extrema-

ção suficiente: logo a seguir a uma relação suspeita, o organismo ainda não teve tempo de reagir e a infecção ainda não é detectável. O teste consiste numa análise de sangue por dois métodos complementares.

Para evitar a contaminação

O preservativo, para a penetração vaginal e anal, assim como para o *fellatio*. Um quadrado de látex, para o *cunnilingus* em caso de lesão da boca (aftas, irritação das gengivas...).

O tratamento

Hoje em dia existe um tratamento. Está acessível, pelo menos nos países ocidentais, onde os pacientes e o seu sistema de protecção médica têm meios de pagar um tratamento caro, pesado e constrangedor, que será necessário continuar até ao fim da vida a fim de manter as manifestações do vírus à distância.

O facto de os investigadores terem aperfeiçoado estes tratamentos – a triterapia, que consiste em

O facto de os primeiros sintomas demorarem tanto tempo – muitas vezes anos – até aparecerem só tornou a epidemia mais importante: durante todo o tempo em que se julgavam sãs, pessoas infectadas puderam contaminar outras com toda a inocência.

A seropositividade é o nome que se dá ao estado das pessoas que estiveram em contacto com o vírus da Sida e que podem portanto transmiti-lo, mesmo que elas próprias não tenham ainda nenhuma manifestação visível da doença.

Como?

O VIH (vírus da Sida) está presente no sangue, no esperma e nas secreções vaginais. Transmite-se ainda mais facilmente se o organismo já estiver enfraquecido pela presença de outras DST que ocasionem lesões das mucosas genitais, permitindo ao vírus passar para o sangue.

O teste

Faz-se três meses depois de uma relação sobre qual não tenhamos a certeza de ter tido a protec-

aprendeu a geri-la, ou pelo menos a domesticá-la. Passado o primeiro movimento de pânico, demo-nos conta de que esta doença não "atacava" só os homossexuais, no seio dos quais foi despistada em primeiro lugar, mas que dizia também respeito aos toxicodependentes, às prostitutas e aos heterossexuais. Os homófobos tiveram que se calar e foi toda a sociedade que teve de inventar novas regras de comportamento sexual.

O lado traiçoeiro desta doença é a sua discrição. Durante anos, nenhum sinal, nenhum sintoma... Mas o organismo vai ficando progressivamente mais fraco, as defesas imunitárias baixam e um dia apanhamos uma doença dita "oportunista". Pode ser uma afecção perfeitamente benigna numa situação normal, fácil de tratar mesmo (muitas sidas declaram-se por ocasião de uma doença pulmonar, como uma vulgar bronquite, por exemplo), mas a deficiência do sistema imunitário torna a luta do organismo muito mais difícil: este enfraquece cada vez mais, e outras doenças aproveitam para fazer um cerco ao corpo que já não se sabe defender...

Sexo seguro

Expressão que significa "relações sexuais em segurança". Diz-se de todas as práticas que permitem evitar as doenças sexualmente transmissíveis: o beijo, a masturbação recíproca, o uso do preservativo. O sexo em segurança tem evidentemente um sucesso muito grande – e ainda bem – desde que se declarou a epidemia da Sida.

SIDA

Termo extraído de Sindroma de Imunodeficiência Adquirida. É uma doença causada pelo vírus do VIH, que se manifesta pela queda das defesas imunitárias naturais do corpo. O organismo atingido revela-se incapaz de lutar contra os vírus que normalmente neutralizaria facilmente; uma doença benigna pode ser suficiente para esgotar o corpo devido às complicações sucessivas que pode gerar.

A Sida fez uma entrada devastadora nas nossas vidas há cerca de vinte anos e desde aí cada um

Outras posições?

■ *Ver também* A cavalo, Sentados, Colheres, *Cunnilingus*, *Fellatio*, Kama Sutra, Galga, Liana, Masturbação a dois, Missionário, Missionário invertido, Armadilha da serpente, Sessenta e nove.

Sessenta e nove

Não é necessário fazer-lhe um desenho: no 69, o 6 e o 9 estão colocados pés com cabeça e cabeça com pés – exactamente como ele e ela, nesta posição que reúne as vantagens do *cunnilingus* com a do *fellatio*. Ver estas palavras para mais indicações!

Outras posições?

■ *Ver também* A cavalo, Elevador, Sentados, Colheres, *Cunnilingus*, *Fellatio*, Kama Sutra, Lebre, Liana, Masturbação a dois, Missionário, Missionário invertido, Armadilha da Serpente.

Sentados

O seu parceiro senta-se bem direito, com os joelhos dobrados e afastados. Sente-se em cima do sexo dele colocando as coxas por cima das dele. Agarre-se ao seu torso e movimentem-se em conjunto lentamente, concentrando-se na vossa respiração abdominal. Segundo os grandes sábios chineses, esta posição é ideal para levar os dois ao sétimo céu!

Variantes

Pode sentar-se de frente para ele ou virar-lhe as costas....ou ir mudando no decurso da experiência!

Qualquer que seja a opção escolhida, mantenha o busto direito, e faça girar suavemente as ancas, movimentando a sua púbis da frente para trás. Ao mesmo tempo, contraia os músculos vaginais. Experimente, não é tão complicado como parece e vale a pena: o sétimo céu aproxima-se a toda a velocidade!

O lado delas

"Sem tirar"

Em todos os filmes pornográficos os homens comportam-se verdadeiramente como animais, sempre em forma, com uma loira, uma morena, depois outra loira... É normal: é a sua profissão! Não se esqueça também que um filme é uma montagem de sequências que podem ter sido rodadas em vários dias... A realidade é um pouco diferente.

O organismo precisa de tempo de recuperação, variável segundo a idade e a condição física. Os jovens podem "recuperar" muito mais depressa depois de terem feito amor e terem tido prazer uma primeira vez, mas não de forma sistemática. Ao envelhecer, é necessário mais tempo, apenas se faz normalmente amor uma vez por noite, mas melhor e mais prolongadamente... O que afinal não desagrada às mulheres, que afirmam preferir uma única sessão bem sucedida a diversos pequenos entreactos sexuais demasiado curtos e um pouco superficiais...

Os seios são objectos de fantasia evidentes porque estão ligados às primeiras sensações de prazer: a mamada gulosa do recém-nascido, encostado no quentinho do corpo da sua mãe.

A sua pele é lisa e suave, o mamilo retrai-se e empina-se à mais ligeira carícia... Todavia, uma mulher em cada três lamenta que os homens não se detenham aí durante mais tempo.

Seminal (líquido)

No início da excitação, o pénis segrega uma certa quantidade de líquido translúcido e viscoso; esta secreção seminal serve simplesmente para lubrificar o canal da uretra. A importância desta secreção é muito variável; aliás, a maior parte das vezes ela passa despercebida. É necessário contudo ser prudente: este líquido contém por vezes espermatozóides. É por isso importante, em caso de penetração, colocar desde muito cedo um preservativo!

O lado delas

Seios

Os seios, símbolos da feminilidade, da maternidade, da fertilidade. Pequenos, grandes, em forma de pêra ou de ovo estrelado...

Eles são o objecto de todos as fantasias sexuais. É pelo menos o que tendem a provar as revistas mais ou menos especializadas e algumas bandas desenhadas que só mostram raparigas com seios em forma de obus, agressivos e empinados. A realidade é muitas vezes diferente, e os seios pequenos, os seios naturais, também têm os seus adeptos.

As mulheres não lêem o suficiente as revistas para homens: ficariam a saber que eles não conferem tanta importância como isso ao tamanho dos seios. Eles sabem perceber a diferença – é claro – entre os "produzidos" com silicone e o bonito peito natural da sua parceira...e preferem naturalmente o segundo.

Todavia, é para inchar os seios que a maioria das mulheres vão ao cirurgião plástico...

O "sair do armário" tanto é respeitável – e às vezes corajoso – quando vem da própria pessoa, quanto o facto de "desmascarar" alguém – declarando publicamente que ele ou ela é homossexual –, é discutível, mesmo se a ideia é banalizar a homossexualidade ou retirar-lhe o seu lado tabu.

Secura vaginal

O facto de se manter seca durante as relações sexuais não significa forçosamente que não se interesse pelo que se está a passar! Inúmeros factores exteriores – o stress, o ciclo menstrual, o tabaco, o álcool e alguns medicamentos, tais como os anti-histamínicos – podem ter uma influência sobre a quantidade das secreções vaginais.

A secura vaginal pode ser compensada por saliva, água ou um lubrificante comercializado. Neste último caso, escolha um não gorduroso e à base de água, para não danificar o látex dos preservativos. Existem também preservativos pré-lubrificados.

Outras fantasias?

■ *Ver também* A Vários, *Bondage*, Exibicionismo, Fetichismo, Lingerie, Sodomia, Voyeurismo.

Safismo

Termo formado a partir do nome de Safo, poetisa grega da Antiguidade, célebre pelo seu amor pelas mulheres. Safo vivia, convenientemente, na ilha de Lesbos, cujos habitantes se chamam Lésbicos… e as habitantes Lésbicas. O termo safismo é o equivalente, mais raro e mais literário, da palavra lesbianismo.

Sair do armário

Expressão derivada do inglês – "*coming out of the closet*" –, que designa o facto de se declarar a sua homossexualidade, quer ao grande público – no caso de personalidades do espectáculo ou da política – quer simplesmente à família.

meticulosos quanto aos motivos reais daquelas e daqueles que lá se desejam inscrever. É a única maneira de evitar derrapagens.

■ *Ver também* Masoquismo, Sadomasoquismo.

Sadomasoquismo

"Mistura" complementar das práticas sádicas e masoquistas. É evidente que, no que toca às relações sexuais deste tipo, a coisa só pode ser considerada se os dois parceiros o consentirem, estiverem perfeitamente conscientes do que estão a fazer e tiverem fixado, de comum acordo, limites estritos que não se poderão ultrapassar sob nenhum pretexto – nomeadamente usando uma palavra de segurança, ou "*safeword*" para pararem.

O termo sadomasoquismo resume-se em língua corrente pelas letras "SM": fala-se de "práticas SM", de "clubes SM", etc.

Sadismo

Preferência sexual que consiste em ter prazer com a dor que se inflige a outra pessoa ou com o domínio físico ou psicológico que se lhe impõe.

O termo deriva do nome do Marquês de Sade, célebre libertino do Século XVIII, cuja escrita põe em cena situações desta natureza.

Evidentemente que este tipo de fantasia só se põe em prática se ambos consentirem. O "sádico" precisa de encontrar masoquistas (que obtêm prazer no sofrimento) ou sadomasoquistas (que obtêm prazer no sofrimento, mas também adoram fazer sofrer os outros...um pouco complicado, mas os especialistas explicam isto muito bem!). Existem clubes especializados neste tipo de encontros; curiosamente, a sexualidade em estado puro está mais ou menos ausente e os jogos que lá se praticam são mais na ordem da dominação-submissão intelectual ou fantasiada. Estes pequenos exercícios muito particulares são evidentemente reservados para adultos conhecedores; aliás, os próprios clubes são muito

S de

Sadismo ▪ Sadomasoquismo ▪ Safismo ▪ Sair do armário ▪ Secura vaginal ▪ Seios ▪ Seminal (líquido) ▪ "Sem tirar" ▪ Sentados ▪ Sessenta e nove ▪ Sexo seguro ▪ SIDA ▪ Sífilis ▪ SM ▪ Sodomia

Ruídos estranhos

Esta é uma situação frequente, mas ninguém sabe disso, porque raramente é falada, mesmo entre amigas...

De que é que se trata? De ruídos estranhos – parecidos com gases, para sermos precisos – que ocorrem às vezes quando o homem se retira da vagina.

Enquanto faziam amor, a sua vagina dilatou-se tanto em largura como em profundidade; quando ele se retira, ela retoma a sua dimensão normal, e o ar aprisionado procura naturalmente escapar-se...

Evidentemente que isto não tem nada de romântico, mas não vale de todo a pena dramatizar: trata-se de um fenómeno perfeitamente normal e mecânico.

Então seja a primeira a falar disso, para descontrair o ambiente, sabendo que para evitar este género de pequenos aborrecimentos há apenas duas soluções: fazer amor mesmo devagar ou limitar-se às posições mais "clássicas". Tem de pensar...

Porque não desempoeirar este acessório de comédia e transformá-lo num cúmplice da vossa cozinha erótica?

Espantoso mas muito eficaz: o bom velho rolo da massa pode ser uma ajuda preciosa para massajar o corpo do seu parceiro: um deitado sobre a barriga, o outro de joelhos sobre as suas pernas, passando e repassando o rolo, devagarinho e depois com mais firmeza, ao longo das costas, de baixo para cima e depois de cima para baixo...

O que é relaxante e deliciosamente erótico é se a massagem preparatória for completada por uma massagem com óleo de amêndoas doces, que tem, como todos sabem, o dom de aquecer suavemente a pele.

Outros acessórios?

■ *Ver também* Bolas de geisha, Escova de dentes eléctrica, *Cock ring*, Godemiché, Molas da roupa, Espanador, Toalha Quente, Vibrador.

atrair um parceiro masculino. E os homens apercebem-se desta modificação olfactiva!

Tivemos uma prova complementar com uma experiência algo divertida, mas muito explícita.

Uma equipa de médicos e de sexólogos respeitados deu a cheirar a um grupo de quatro homens duas t-shirts. Os quatro voluntários levaram tudo muito a sério e puseram debaixo do nariz a primeira t-shirt, depois a segunda... Quando as cheiraram bem às duas, perguntaram-lhes que t-shirt pertencia, segundo eles, à mulher que eles achavam mais atraente. Na realidade, as duas tinham sido vestidas pela mesma mulher, uma delas durante a ovulação, a outra noutra altura. Mas três homens dos quatro apontaram a blusa usada durante o período da ovulação.

Rolo da massa

Faz parte da panóplia tradicional da dona de casa... e da megera que espera de pé firme o regresso do marido leviano ou dado à pinga...

Regras (menstruação)

As taxas hormonais particularmente elevadas que precedem a menstruação dão às relações sexuais e aos orgasmos uma maior intensidade, activam as secreções, fortificam e flexibilizam a vagina. Acresce ainda que o orgasmo é um excelente remédio contra as cãibras que surgem muitas vezes nesses momentos..

A saber: estes picos hormonais reforçam igualmente as defesas do aparelho reprodutor contra as DST (doenças sexualmente transmissíveis, como já sabia com certeza. Mas vá na mesma até à letra D...).

Durante a menstruação, a taxa de progesterona aumenta de forma significativa, o que facilita a subida do orgasmo.

Vigie o seu ciclo

Uma mulher emite um odor diferente no momento da ovulação: é o período durante o qual ela está mais fecunda e mais desejosa, biologicamente, de

R de

- Regras (menstruação)
- Rolo da massa
- Ruídos estranhos

Quanto tempo?

Os números não mentem: a duração média de uma penetração é de 8 a 10 minutos...

Muito pouco tempo, sobretudo se os preliminares tiverem sido também rápidos (a maioria das mulheres gostaria que durassem pelo menos vinte minutos...).

Quando?

O melhor momento para fazer amor situa-se... por volta das 6 horas da manhã. Ao acordar, a taxa de hormonas está no máximo. Se realmente não tem tempo para jogos amorosos antes de ir trabalhar, lembre-se que a partir das 16h o corpo volta ao seu melhor; é quando as capacidades respiratórias estão no auge da sua forma. É portanto o momento ideal para praticar um desporto... mesmo desporto no quarto. É pena, pensa você, porque é evidentemente impensável largar o trabalho ao fim da tarde para ir ter com o parceiro... Em tempo normal, de acordo, mas restam-vos as férias e os fins-de-semana...

O horário a evitar: à noite depois das 22 horas. O jantar não está muito longe, a digestão inicia-se, o corpo começa a precisar de se regenerar pelo sono e o organismo programa-se para entrar em repouso depois de todos os cansaços do dia...Programe portanto as suas folias para a primeira parte da noite e que se dane o filme!

Qde

Quando? ▪ Quanto tempo?

■ *Ver também* Idade (das primeiras relações sexuais), Virgindade (perda da).

O lado delas

Um conselho?

Considera-se muitas vezes a posição do missionário um pouco básica, mas isso não é verdade (ver a palavra)! De qualquer forma, ela adapta-se perfeitamente à primeira vez: vocês ficam face a face, podem beijar-se e falar. Ponha as pernas em redor da bacia dele –, fechá-las-á instintivamente se tiver dor ou apenas um pouco de medo: ele compreenderá que tem de parar e retomar mais tarde.

Exprima-se!

Se achar que a sala está demasiado iluminada, peça-lhe para diminuir a luz. Se calhar ele não pensou que você estaria mais à vontade na penumbra.

Mas sobretudo, à mínima dor, peça-lhe para parar. Se o hímen estiver ainda intacto – pode muito bem ter sido perfurado sem que tenha dado conta, no decurso de uma sessão desportiva um pouco intensa ou com um tampão higiénico – a sua perfuração pode envolver alguma dor e hemorragias: mas nada de pânico, tudo isso é perfeitamente normal!

É a primeira vez para si

O dia D

É hoje... Já estava previsto há muito tempo, ou acontece por si, de improviso: pouco importa, é hoje. Na cabeça há um misto de apreensão, excitação e angústia: esperemos que tudo corra bem!

Preveni-lo

Ele sabe que é a primeira vez? Mais vale dizer-lhe: vai com certeza sentir-se lisonjeado por saber que foi com ele que decidiu dar o grande passo e no caso de haver pequenos problemas não ficará aborrecido.

Começámos!

Depois das carícias e dos beijos, decidiram ir mais longe e dão por vocês na cama em trajes menores. Naturalmente que os preservativos não estão longe, com um pequeno tubo de lubrificante (ou vaselina) – encontram-se nas farmácias – para o caso de um de vocês sentir necessidade disso para facilitar a penetração.

Recomendações

Comece por se compenetrar de que se trata de um momento importante, uma verdadeira etapa, uma maneira de entrar na vida adulta.

Convém no entanto saber que a maneira como se passa a primeira vez pode ter consequências a longo prazo: se as coisas correrem mal, ou só medianamente bem, isso pode ocasionar bloqueios que duram para alguns rapazes vários meses, ou mesmo anos. Felizmente as raparigas falam muito entre elas e a experiência das amigas pode ajudar a relativizar as coisas.

Segunda coisa: não há idade para "o" fazer. Não é porque uma colega teve a sua primeira experiência aos 15 anos que tem absolutamente de seguir o seu exemplo. Cada um tem que fazer as experiências ao seu próprio ritmo, o importante é fazê-las quando estiver pronta para elas.

Com efeito, é melhor não ter de se levantar, correr para a casa de banho, para encontrar um preservativo quando precisa de um. Não há nada pior para dar cabo do ambiente... Portanto, uma caixinha ao pé da cama, uma embalagem de lenços de papel, um tubo de lubrificante, para o caso das secreções vaginais não serem suficientes ou de serem ambos adeptos da sodomia.

Se utilizar um lubrificante, tenha em atenção que seja à base de água e não de vaselina. Só estes são compatíveis com o látex; os outros atacam as finas paredes do preservativo, o qual deixa de ser estanque... e não serve para mais nada.

Primeira vez

É uma passagem delicada para todos. É perfeitamente normal sentir-se um pouco intimidada ou angustiada com a ideia de ultrapassar esta etapa. Ao mesmo tempo, é no mínimo excitante!

essenciais, mas por causa disso certas pessoas "esquecem-se" às vezes de pôr o preservativo. É no entanto importante saber que as terapias que existem são pesadas, longas, caras, e que são acompanhadas muitas vezes, e para o resto da vida, de incómodos bastante desagradáveis: diarreias, securas da pele, enjoos, etc.

Como?

Claro que ao princípio nada disto é evidente. Mas é só questão de treinar! Os rapazes têm medo de passar por nabos se não conseguirem à primeira, e de tanto se debaterem com o látex às vezes acabam por perder a erecção...

Se tiver mais experiência que o seu parceiro, não tenha medo de lhe propor uma mãozinha: ele vai-lhe agradecer de certeza.

Precauções

Pense em ter uma caixa de preservativos perto da cama – ou onde costuma ter as suas práticas amorosas, se preferir sítios menos convencionais.

recolher o esperma no momento da ejaculação, e logo de o impedir de se derramar dentro da vagina. O preservativo foi, durante muito tempo, a única verdadeira forma de contracepção. Os primeiros preservativos eram feitos de tripa de carneiro(!); são actualmente fabricados num látex muito resistente e extremamente fino, de forma a não alterar as sensações dos dois parceiros. Existem em diversos tamanhos e de todas as cores; alguns são lubrificados, outros, para o *fellatio*, são aromatizados.

Hoje em dia o preservativo entrou nos hábitos normais por causa da Sida. É, na realidade, a única protecção possível contra o VIH, e acessoriamente contra todas as outras doenças sexualmente transmissíveis... A pôr portanto obrigatoriamente desde o primeiro encontro, enquanto não estiverem os dois certos de não ter nada e enquanto não forem absolutamente fiéis!

A ameaça da Sida tem tendência a afastar-se, pois as terapias actuais permitem adiar o desfecho da doença. Estes progressos da medicina são

Os dedos raramente pensam em reencontrar as carícias simples da primeira infância: acariciar a bochecha, tocar a testa, seguir a curva do nariz ou do desenho dos lábios com o indicador. É uma ocasião para introduzir um dedo na boca do seu parceiro para que ele lho chupe, de mordiscar também um dos dele. Não esquecer os dedões do pé, que são uma zona também muito sensível a chupadelas e lambidelas – mas cuidado com as cócegas!

Prepúcio

Prega de pele que envolve a glande dos homens não circuncidados. Durante a erecção, o prepúcio escorrega até à base da glande, para a descobrir.

■ *Ver também* Circuncisão.

Preservativo

É um tipo de estojo em látex que se desenrola ao longo do pénis em erecção, com o objectivo de

– um estado que é necessário manter e fazer durar. As mulheres gostariam mesmo que os preliminares durassem entre 15 e 20 minutos... E honestamente, muitos homens estão longe de o conseguir!

Os beijos ocupam um lugar muito especial no que respeita às carícias preparatórias. Todos os beijos, desde a pequena bicada muito ligeira nas pálpebras, no pescoço, na base dos lábios, até ao beijo profundo e guloso.

Temos também os pequenos jogos de língua à volta ou dentro das orelhas, nos seios, na fronteira do sexo, e as carícias no interior dos braços, no interior das coxas, nas axilas.

Pense também nas massagens, mais ou menos profundas, mais ou menos intensas, ao longo das costas ou no pescoço. Tenha perto da cama um frasquinho de óleo perfumado para massagem. Não há melhor para aquecer a pele, relaxar e amaciar os músculos, fazer correr sobre todo o corpo arrepios de prazer...

O lado delas

■ *Ver também* A cavalo, Sentados, Elevador, Colheres, *Cunnilingus*, *Fellatio*, Kama Sutra, Liana, Masturbação, Missionário, Missionário invertido, Armadilha da serpente, Sessenta e nove.

Preliminares

Os preliminares são todas as pequenas actividades sexuais de exploração e estimulação "anexas", que para a maioria dos homens constituem apenas um prelúdio à penetração, enquanto que para a maioria das mulheres se trata de uma fase essencial do acto sexual, talvez mesmo a mais importante...

Daqui surge um enorme mal-entendido pleno de consequências entre homens e mulheres.

Eles contentam-se com alguns minutos (dois ou três, em média!) de estimulação directa e intensa, para chegar ao prazer, enquanto as mulheres necessitam de muito mais tempo. Os preliminares permitem ao desejo crescer, aos diversos órgãos implicados descontrair-se e de chegar à excitação

Posições

Fazer amor não é reproduzir um catálogo de posições, nem fazer uma demonstração de virtuosismo. É inútil multiplicar as posições para provar que é experiente... ou ágil. Não se trata de um espectáculo! Em vez de estarem sempre a mudar de posição, como dois actores de filmes pornográficos, descubram uma que convenha a ambos e mantenham-na. É mais confortável, menos demonstrativo e mais íntimo, e sobretudo isso permitir-lhe-á a si encontrar um ritmo próprio mais facilmente.

Entre estar sempre a mudar de posição e fazer amor sempre da mesma forma, há uma grande margem. É necessário variar os prazeres, especialmente no início de uma relação, de forma a encontrarem juntos as posições que convêm mais aos dois. Faça-lhe descobrir pouco a pouco o que lhe agrada a si e descubra por sua vez as posições que ele prefere: cada uma tem as suas vantagens, cabe-lhes experimentá-las, pouco a pouco.

com a ponta do dedo para desencadear ondas de prazer!

A saber

Uma vez excitados, os tecidos vaginais apenas respondem a pressões mais decididas. Diga-lhe que, por uma vez, não precisa de ser demasiado delicado...

Sugestões especiais quanto ao Ponto G

Com ele deitado de costas, senta-se em cima dele, a cabeça virada para os pés. Balance-se levemente da frente para trás.

Deite-se de barriga para baixo; ele deita-se sobre as suas costas – sem a esborrachar – e penetra-a profundamente.

Está debaixo dele e ele passa as mãos debaixo das suas ancas para soerguer a sua bacia.

Outras zonas erógenas?

Ver também Axilas, Ânus, Boca, Cabelos, Pescoço, Interior das coxas, Umbigo, Orelhas, Períneo, Testículos, Mamilos.

guiam identificar esse ponto mágico... Hoje em dia está estabelecida a existência do ponto G – G de Grafenberg, naturalmente –, embora sem o mesmo tipo de receptividade em todas as mulheres. Muitas delas – de facto, perto de metade! – ignoram pura e simplesmente a sua existência!

O ponto G reconhece-se graças a um inchaço que apenas tem lugar no momento da excitação. Aparentemente, muito poucos homens o conseguem localizar... o que é pena, porque se trata de um território extremamente sensível e capaz de decuplicar o prazer!

Ainda não descobriu o seu ponto G? O seu parceiro também não? Proponha-lhe uma sessão de exploração que será sem dúvida útil para ambos. Peça-lhe para se colocar à sua frente e inserir – delicadamente – um dedo, o médio ou o indicador, na sua vagina. É necessário de seguida que ele dobre o dedo como se quisesse pedir a alguém para se aproximar. Ele deverá sentir uma pequena protuberância, ao mesmo tempo doce e firme: é aí! Agora é necessário apenas estimular gentilmente esta zona

aliás repetir a dose de vaporização alguns dias após a primeira, para garantir o extermínio de uma segunda geração recém-nascida dos ovos...

Por precaução, limpe bem os colchões e os lençóis da cama, toda a roupa interior e sobretudo... previna o seu parceiro para fazer o mesmo.

Outras afecções venéreas (verdadeiras DST, essas)?

■ *Ver também* Blenorragia, Clamídia, Papiloma, Herpes, Verrugas genitais, Sida, Sífilis.

Ponto G

O ponto G deve o nome a Ernst Grafenberg, um sexólogo alemão que publicou em 1944 um artigo explosivo: tinha descoberto na parte superior da vagina uma zona tão sensível, que a estimulação desse ponto leva directamente ao orgasmo...

Um sonho! Esta teoria foi contestada durante muito tempo – sem dúvida por homens que não conse-

Trata-se de pequenos insectos lisos, que se parecem um pouco com caranguejos minúsculos com vários pares de patas que lhes servem para se fixar na pele da vítima. Tal como os piolhos nos cabelos, põem pequenos ovos nos pêlos do corpo, as lêndeas.

Porquê falar destes bichinhos num livro dedicado ao sexo? Simplesmente porque eles apenas se aninham nas regiões mornas e cobertas de pêlos, como a púbis... Não se aventuram no torso, nem nas pernas e ainda menos nos cabelos. Normalmente apanham-se tendo relações sexuais com alguém cuja higiene deixa muito a desejar... Eis porque é que às vezes é difícil falar disto em casa. Mas saiba que também se podem apanhar piolhos genitais em casas de banho públicas, ou mesmo num transporte público. Basta passar por trás de uma pessoa infestada...

A sua presença manifesta-se através de comichões e de vermelhidões na região da púbis. Na farmácia existem sprays de produtos insecticidas absolutamente radicais contra estes bichos; é aconselhável

Pílula do dia seguinte

A pílula do dia seguinte pode ser tomada até 72 horas depois de uma relação sexual não protegida ou mal protegida.

Deve ser sempre receitada pelo médico.

Pingadeira

Designação popular da blenorragia (ver esta palavra).

Sinónimo: esquentamento.

Piolhos genitais (chatos)

Os piolhos genitais fazem parte de todo um conjunto de aborrecimentos que estão em plena recrudescência hoje em dia... Falta de higiene, promiscuidade nos transportes públicos, não passa um ano sem que haja piolhos nas escolas, e até os casos de tinha já não são assim tão excepcionais... Mas voltemos aos nossos "chatos".

Outras zonas erógenas?

■ *Ver também* Axilas, Ânus, Boca, Cabelos, Costas, Interior das coxas, Umbigo, Orelhas, Períneo, Ponto G, Mamilos.

Pílula

Inventada e comercializada em 1967, a pílula contraceptiva representou na época uma autêntica revolução. Ela abriu a porta a uma verdadeira liberdade sexual, o que não agradou necessariamente a toda a gente... Hoje em dia, duas raparigas em cada três tomam-na.

A sua função: bloquear o desencadear da ovulação e tornar a mucosa vaginal mais espessa, o que impede que os espermatozóides passem.

É muito comum dizer-se que a pílula engorda. Na realidade, uma pílula bem adaptada não faz engordar. Existe toda uma gama variada de pílulas: há seguramente uma adaptada às suas necessidades específicas... e que não terá nenhum efeito secundário.

saparecer, mas que certas pessoas exibem como troféus no dia seguinte de manhã! Beijar o parceiro no pescoço é um gesto de ternura e de sensualidade, a meio caminho entre o beijo na face e o beijo na boca, mais apaixonado e mais especificamente erótico. Pode também aproveitar-se para cheirar o perfume e sentir a temperatura do corpo do outro pela abertura da sua gola...

Não se esqueça da nuca. É uma zona que temos muitas vezes tendência a contrair, por nervosismo, por pressão do stress, de uma contrariedade ou simplesmente da emoção. Se a acariciar amplamente, aquece esta parte do corpo e pouco a pouco o corpo inteiro se descontrai e se abandona...

Pense também em coçar levemente a nuca do seu parceiro com a parte de trás dos seus dedos curvados. Uma massagem ligeira que ressoa em todo o crânio e propaga ondas de descontracção e bem-estar.

um homem de ejacular. Algo a experimentar se o seu parceiro tiver tendência a ter prazer demasiado depressa! Mas atenção, não carregar com demasiada força...

Outras zonas erógenas?

■ *Ver também* Axilas, Ânus, Boca, Cabelos, Pescoço, Interior das coxas, Umbigo, Orelhas, Ponto G, Testículos, Mamilos.

Pescoço

O pescoço é uma região do corpo que muitas pessoas acham muito sensual, particularmente na base.

Tal deve-se porventura ao facto de que se trata, tal como os punhos, de uma zona de "ligação" entre as partes nuas do corpo – o rosto e as mãos – e as partes escondidas pela roupa, secretas, perturbadoras, a descobrir... A pele do pescoço é muito sensível aos beijos. Atenção aos chupões, que deixam belas marcas violetas que demoram a de-

num certo sentido, porque a prevenção e a informação podem desempenhar um papel determinante, as crianças são ouvidas e a sua opinião é tida em conta.

Ver também Turismo sexual.

Períneo

Esta região do corpo, situada entre o ânus e os testículos ou a vagina, está coberta por uma pele fina e muito sensível. É igualmente uma zona objecto de pouca atenção, o que é pena. Talvez seja por estar muito perto do sexo, que monopoliza naturalmente as atenções – apesar de muitas outras partes do corpo terem um excelente potencial erótico.

Coloque portanto o períneo no mapa, aprenda a descobri-lo, acariciando-o suavemente em pequenos círculos, por exemplo.

Convém saber

Uma pressão bastante forte sobre o períneo, com um dedo ou a parte gorda do polegar, pode impedir

quando uma pessoa exerce sobre outrem algum tipo autoridade, é difícil dizer que não... e muito mais ainda se se tratar de uma criança. Felizmente que já há algum tempo que as vítimas de pedofilia têm a coragem de falar sobre o que lhes aconteceu, o que tem permitido prender os culpados, pondo-os "fora de tentação". Isto também possibilita que as vítimas possam finalmente falar de acontecimentos traumatizantes que tinham enterrado na memória e que consideravam como algo de vergonhoso – o que é o cúmulo: deviam ser os pedófilos a ter vergonha dos seus actos!

Os casos de pedofilia mais frequentes dizem respeito a homens adultos atraídos por rapazes jovens, mas também se pode tratar de homens adultos e rapariguinhas e de mulheres adultas e rapazinhos, no caso do turismo sexual. É verdade! Esta "actividade" das mulheres em férias tem mesmo tendência a aumentar cada vez mais... Um efeito perverso da igualdade dos sexos?!

Última nota: actualmente, numerosos casos de pedofilia fazem manchetes nos jornais...Isso é bom

Boa notícia

Está actualmente em testes uma vacina; ela permitirá a imunização definitiva, com uma simples injecção durante a infância. Mas ainda não é para já...

Outras DST (doenças sexualmente transmissíveis)?

■ *Ver também* Blenorragia, Clamídia, Hepatite B, Doenças sexualmente transmissíveis, Piolhos genitais, Herpes, Sida, Sífilis.

Pedofilia

Atracção sexual de uma pessoa adulta por uma criança ou pré-adolescente. Trata-se evidentemente de uma prática altamente repreensível e punida pela lei, dado que não respeita a liberdade de consentimento que está na base de uma relação sexual.

Os actos pedófilos são normalmente acompanhados por um abuso de poder e jogam com o medo da criança e com o seu respeito pela autoridade:

rugas são microscópicas de início, mas aumentam se não forem tratadas a tempo e podem atingir uma dimensão respeitável e muito aborrecida (perto de três centímetros), também conhecidas simplesmente como papilomas.

É preciso saber que esta afecção pode tornar-se séria se não for tratada convenientemente cedo: 95% (é imenso!) dos cancros do útero são devidos às verrugas genitais.

Em caso de dúvida, não hesite em consultar um médico: afinal é uma afecção comum e que não tem nada de vergonhoso. O tratamento é rápido e adapta-se à gravidade da situação: a aplicação local de uma loção pode chegar; também se podem queimar as verrugas com azoto líquido, tal como as verrugas "clássicas".

Se isto não chegar, é necessário um tratamento cirúrgico com laser, que inclui uma pequena estadia no hospital: a ideia não é muito entusiasmante, mas ao menos o tratamento é radical.

Palavrões

Alguns números? 45% das mulheres apreciam que se lhes diga palavras sexuais "muito cruas" durante o amor; apenas 18% delas preferem o silêncio.

As palavras cruas retiram às relações sexuais qualquer aspecto convencional. A educação e a cortesia são esquecidas, ficando o caminho livre para a fantasia e para um prazer mais directo, mais imediato.

Mesmo entre adultos emancipados, há qualquer coisa de provocante no facto de se sussurrarem enormidades na orelha do seu parceiro... para além de excitante!

Papilomas (Verrugas genitais)

O nome diz tudo: trata-se de uma doença sexualmente transmissível, causada pelo vírus *papiloma*, que se manifesta pela aparição de verrugas à volta da glande, na vagina ou na região anal. Estas ver-

P de

- Palavrões
- Papilomas (verrugas genitais)
- Pedofilia
- Períneo
- Pescoço
- Pingadeira
- Piolhos genitais (chatos)
- Ponto G
- Posições
- Preliminares
- Prepúcio
- Preservativo
- Primeira vez

A solução

Dormir até mais tarde sempre que possível!

Luz

E se, muito simplesmente, o quarto onde faz amor estiver demasiado iluminado? Isso pode ser suficiente para a contrariar inconscientemente e mantê-la na defensiva. Experimente a escuridão total: talvez aí consiga fazer faíscas!

Pílula

A pílula é feita à base de hormonas que impedem a ovulação, mas podem suscitar uma baixa de desejo sexual: procure com o seu médico uma outra forma de contracepção.

Orgasmo (Ausência de)

Stress

Demasiado stress entrava a produção de hormonas essenciais para o prazer.

Antes de fazer amor, faça uma pequena pausa, descontraia-se. Tome um banho morno, por exemplo, para evacuar o stress e recarregar as baterias.

Amamentação

A prolactina é uma hormona que desencadeia a lactação; infelizmente, ao mesmo tempo inibe a libido.

Falta de sono

O facto de se deitar mais tarde que o habitual numa noite, afecta a libido do dia seguinte. O responsável por isto é o cortisol, uma hormona cuja produção baixa durante o sono profundo e cuja acumulação provoca uma tensão prejudicial ao prazer sexual.

Maximizar as suas hipóteses

Exercício

Ter os músculos da superfície inferior pélvica fortes (os que usamos para controlar a bexiga) permite aos homens e às mulheres orgasmos mais intensos e mais numerosos. Para os reforçar, contraia-os quinze vezes de seguida, duas vezes por dia. Aumente progressivamente o número das contracções. É um exercício eficaz e fácil de fazer em qualquer lado: no escritório, a ver televisão, durante uma reunião…

Alguns números

O orgasmo dos homens dura em média de 10 a 30 segundos; o das mulheres de 13 a 51 segundos.

23% das mulheres questionadas no âmbito de um inquérito atingiam regularmente o orgasmo quando tinham vinte anos. Aos trinta anos, a percentagem subia para 90%.

10% das mulheres nunca tinham conhecido a maravilhosa sensação de se deixar dissolver no clímax....

O nosso exame de pormenor está quase no fim. Resta-nos falar dos testículos, fechados numa bolsa de pele na base do pénis, o escroto. O seu papel? Fabricar as hormonas masculinas, tal como a testosterona... e o esperma.

Orgasmo

O orgasmo é o auge da excitação sexual. As sensações que provoca variam muito de pessoa para pessoa: podem ir do simples arrepio ao êxtase total, às vezes mesmo com uma curta perda de consciência!

Ele é acompanhado, tanto nos homens como nas mulheres, de contracções musculares incontroláveis dos órgãos genitais.

As mulheres partem com um grande avanço sobre os homens: os homens apenas usufruem de um só orgasmo, ligado à ejaculação, enquanto que as mulheres podem ter vários, pois as zonas estimuladas de início podem ser muito diferentes.

O lado delas

A glande está coberta de uma pele, o prepúcio – a não ser que se tenha sido circuncidado, em cujo caso essa pele foi cortada na mais tenra infância. Na altura das relações sexuais, o prepúcio desliza para baixo e descobre a glande, que é a zona mais sensível do sexo, porque é muito rica em terminações nervosas. No limite entre a verga e a base da glande, no meio da verga, encontra-se uma pequena prega de pele, o freio.

O corpo da verga é constituído por tecidos erécteis; a excitação fá-los encher-se de sangue até endireitar a verga, que aumenta de volume e de dimensão: fica pronta para passar à acção! No momento da ejaculação, o esperma é projectado para fora da uretra por uma série de contracções musculares.

Pronto, já está! Após a ejaculação, é necessário esperar um pouco – entre alguns minutos a algumas horas, conforme a idade e a forma física em geral – antes que os estímulos eróticos consigam voltar a dar todo o seu vigor à verga. Os homens não conseguem portanto sentir orgasmos múltiplos: eles estão limitados pelo tempo de reacção do seu sexo...

abandona e que os parceiros atingem uma espécie de "ritmo de cruzeiro". No momento do orgasmo, as paredes contraem-se violentamente, por sacudide-las, provocando ondas de um prazer intenso.

Órgãos genitais do homem

Os órgãos genitais masculinos são mais fáceis de estudar, muito simplesmente porque são mais visíveis.

O sexo do homem é composto pela verga, que culmina na glande; na base da verga, um pequeno saco, as bolsas ou escroto, que cobre os testículos.

Não é propriamente um segredo que a verga serve para urinar: a urina passa pela uretra, um pequeno canal que também transporta o esperma na altura da ejaculação. Outra evidência? As mulheres possuem dois orifícios diferentes: a uretra, que apenas serve para urinar, e o vestíbulo da vagina, por onde a verga penetra durante o coito.

homens, embora nem sempre por boas razões: em vários países do mundo – como ainda é o caso em certas regiões africanas – a tradição exigia que se cortasse o clítoris das raparigas jovens – o que se chama excisão – para as impedir de ter demasiado prazer com as relações sexuais...

Terminemos este pequeno texto com a vagina. Trata-se de uma espécie de tubo, com paredes de músculos, que tem a capacidade de se dilatar, de se ampliar e portanto de se adaptar à dimensão e à grossura da verga do parceiro. Um pouco de vocabulário? A palavra vagina descende em linha recta de um termo latino que significa "estojo", "baínha". A baínha que acolhe uma espada: o símbolo é claro!

Os músculos que revestem a vagina contraem-se no momento da penetração e retêm o sexo do homem: os primeiros vaivéns são muitas vezes os mais agradáveis para os dois parceiros, dado que a fricção da verga contra as paredes da vagina é mais intensa. Pouco a pouco, os músculos vaginais vão-se descontraindo, à medida que o corpo se

também têm um períneo, tão sensível como o das mulheres, situado entre o ânus e os testículos.

Por cima da abertura da vagina está a uretra, que permite urinar.

Encimando a vulva temos o clítoris, que é sem dúvida a zona mais sensível do corpo da mulher. A parte visível tem o tamanho de uma ervilha, coberta de uma membrana de pele. É a parte emersa, se assim se pode dizer, de um órgão que se prolonga no interior do corpo e que mede cerca de dez centímetros. Quando é estimulado, o clítoris enche-se de sangue, enrijece e torna-se muito sensível: comporta-se exactamente como um pequeno pénis! Mas enquanto que o pénis serve para urinar, para além do seu papel nas relações sexuais, o clítoris tem por única função dar prazer!

Esta parte do corpo é extremamente sensível a todos os estímulos, carícias com a ponta dos dedos ou com a ponta da língua.

Este "pénis secreto" das mulheres, este órgão de puro prazer, nunca deixou de atrair a atenção dos

um pouco tabu: o facto de o hímen estar intacto na altura do casamento foi considerado durante muito tempo – e é ainda o caso de certas sociedades mais "tradicionais" – como a garantia de a jovem ser virgem. A perda da virgindade implicava portanto necessariamente a perfuração desta membrana, um rompimento mais ou menos doloroso, e mais ou menos sangrento, também. A presença de sangue nos lençóis da noite de núpcias significava a perda da virgindade; em certas regiões do mundo estes lençóis manchados ainda são exibidos como prova de que a rapariga era realmente virgem quando se casou... e que o seu esposo cumpriu. Nem vale a pena insistir no que tudo isto pode ter de humilhante para a jovem.

O hímen pode muito bem ter-se rompido sozinho durante a infância ou a adolescência, durante algum exercício físico mais intensivo, ou por causa do uso de tampões higiénicos.

Continuemos a nossa exploração. Entre o ânus e a vagina encontra-se uma pequena zona de pele muito sensível às carícias, o períneo. Os homens

Passemos então a uma pequena revisão em pormenor dos órgãos sexuais femininos. Em primeiro lugar, uma constatação: eles são mais complexos do que os dos homens. Pode-se falar a este respeito de órgãos externos e de órgãos internos.

Os órgãos externos constituem o que se chama vulva. Trata-se dos grandes lábios, duas dobras de carne recobertas de pêlos; elas encobrem os pequenos lábios, constituídos, tal como a verga, por um tecido esponjoso que incha com sangue no momento da excitação; os pequenos lábios tornam-se nessa altura vermelhos e mais grossos.

Como a natureza está bem feita, eles contêm glândulas que têm por missão segregar um líquido capaz de lubrificar a vagina e de facilitar desse modo a penetração.

Falemos agora do hímen, que é uma espécie de pequeno véu que cobre a abertura da vagina. Esta membrana está perfurada por pequenos buracos que permitem que o sangue se derrame na altura do período. Esta parte do corpo da mulher é uma zona

Ao acariciar os seus cabelos, também pode passar suavemente, regularmente, toda a palma da sua mão sobre a orelha. Uma carícia muito lenta, muito ligeira, muito relaxante. Experimente-a você mesma: passar devagar os dedos pelo pavilhão da orelha provoca um ruído longínquo, abafado, um pouco como os que se ouvem quando temos a cabeça debaixo de água. Um ruído doce, quase marítimo, que descontrai e tranquiliza.

Outras zonas erógenas?

■ *Ver também* Axilas, Ânus, Boca, Cabelos, Pescoço, Interior das coxas, Umbigo, Costas, Períneo, Ponto G, Mamilos.

Órgãos genitais da mulher

Não é segredo para ninguém que o sexo da mulher está escondido. Os rapazinhos vêm todos os dias o seu sexo, enquanto que as meninas têm uma relação mais secreta com a sua própria anatomia, o que suscita curiosidades muito naturais.

punidos pela lei. Portanto pondere se não podem mesmo esperar até estarem em casa…

Orelhas

Alguns praticantes de medicinas alternativas vêem na orelha a imagem de um feto, e para eles cada parte da orelha está em relação com uma parte do corpo, como a cabeça, as costas, as mãos, os pés, etc. Os bons técnicos afirmam que ao picar ou estimular adequadamente uma determinada parte da orelha podem curar a zona do corpo correspondente.

Mas limitemo-nos ao aspecto puramente sensual das nossas orelhas: elas não são apenas simples órgãos de audição, a sua pele é extremamente fina, sobretudo ao nível do lóbulo…

Pode mordiscar, chupar e lamber o lóbulo das orelhas do seu parceiro, ou dar-lhe pequenos beijos ternos. Mas tenha cuidado com os beijos demasiado junto ao canal auditivo, que podem causar um ruído ensurdecedor – a não ser para brincar, claro.

Resta o banho de meia-noite que "degenera" num corpo a corpo amoroso. Uma fantasia com a vida dura, apimentado por uma pequena ponta de romantismo. Mas atenção aos grãos de areia, que se insinuam um pouco... por todo o lado. E já agora, também atenção aos outros casais que tiveram a mesma ideia: nalgumas praias de Verão, há quase tanta gente debaixo da lua como ao meio-dia! E lá se vai o romantismo todo...

E também

Em caso de vontade súbita, irreprimível, existe sempre a mesa da cozinha, como no filme *O Carteiro Toca Sempre Duas Vezes*. Não esqueçamos a carpete da sala nem as casas de banho dos bares, restaurantes, discotecas... ou em casa de amigos. Fora de casa? Porque não um jardim público durante a noite, ou um portão de garagem? À excitação puramente sensual e sexual junta-se o medo de serem surpreendidos. A necessidade de se despacharem – e bem! – pode constituir um picante adicional. Tenha é sempre atenção ao ultraje aos bons costumes e ao exibicionismo, pesadamente

bém nas pequenas ervas secas cujo contacto não é muito agradável, nos insectos curiosos de mais… Ficar toda picada num instante não é lá muito excitante, nem para si, nem para ele! Apetreche-se com um cobertor grande, faça um tapete com as suas roupas, ou… volte a correr para casa.

A praia

Ah, a praia, o Verão! A libido que desperta, os encontros, e todos aqueles corpos quase nus, bronzeados, que passam e tornam a passar como quem não quer a coisa diante de si, que está tão repousada, tão disponível!

É sempre possível eclipsar-se durante alguns instantes nas dunas ao longo da praia. Atenção no entanto à areia… e aos preservativos usados e lenços de papel que juncam o chão em certos locais particularmente frequentados. Os seus ardores correm o risco de fundir como neve ao sol: dar umas cambalhotas num sítio onde já tanta gente deu, e onde tanta gente ainda dará até ao fim do Verão, realmente…

O lado delas

A casa de banho

Pode tornar-se no espaço de todas as fantasias. Está a tomar banho, de olhos fechados, totalmente relaxada; a porta abre-se e ele entra, como veio ao mundo, com o desejo evidente de um corpo a corpo... A água tem um forte poder erótico: os telediscos e os anúncios usam-na constantemente. E as gotas que escorrem pelos vossos corpos evocam a ideia de férias, de praia...

No automóvel

O automóvel tem os seus adeptos, muito numerosos apesar de uma óbvia falta de conforto. Mesmo que os bancos traseiros se possam baixar, é um lugar exíguo, apenas para casos urgentes. É no entanto muito prático quando ainda se vive com os pais.

O campo

A atracção de alguns arbustos, durante um passeio pelo campo...Mas não fantasie demasiado com o lado idílico do recanto de clareira inundado de sol, bem protegido por grandes árvores... Pense tam-

ria ter um filho dela, de cada vez que faziam amor, ele retirava-se...mesmo a tempo.

Nada a ver, portanto, com a masturbação. Enfim, uma pequena ligação: com a masturbação ninguém se arrisca a engravidar! A confusão entre Onan e a masturbação deve-se a um pudor excessivo, que para evitar ter de pronunciar certas palavras inventa outras mais fáceis "socialmente". Já reparou? Diz-se DST para "doenças venéreas", "IVG" para "aborto"... Mas coitado de Onan! Ele teria certamente preferido passar à posteridade por outras razões!

Onde?

Ah, um quarto de dormir confortável, com uma bonita casa de banho adjacente! É o máximo, não é? Ou prefere a originalidade? Eis algumas pistas e alguns lugares onde pode ser bom passar alguns momentos excitantes.

E descobrirá certamente ainda muitos outros!

Odor vaginal

Se calhar o odor vaginal inquieta-a sem razão; em todo o caso não tente fazê-lo desaparecer à custa de um excesso de higiene, pois corre o risco de destruir o frágil equilíbrio microbiano da mucosa vaginal. Na realidade, o desejo faz com que exale um perfume absolutamente natural; se o achar desagradável consulte o médico, pois pode ser sintoma de alguma infecção.

Onanismo

Aqui está a maneira de espantar facilmente as suas amigas... Isto é, se a conversa conduzir a este termo e se alguma de vós não souber o que significa.

"Onanismo", nos artigos ou nos programas um pouco pudicos, é o sinónimo de "masturbação". Na realidade, esta palavra deriva do nome de Onan, uma personagem bíblica que teve de casar – era a lei – com a viúva do seu irmão. Como ele não que-

O de

Odor vaginal ▪ Onanismo ▪
Onde? ▪ Orelhas ▪
Órgãos genitais da mulher ▪
Órgãos genitais do homem ▪
Orgasmo ▪ Orgasmo (Ausência de)

A alimentação

Lembre-se de comer uma refeição ligeira quando puder prever que vai passar a noite com ele. Ele quer ir a um restaurante? Proponha-lhe um restaurante vegetariano...

■ *Ver também* Inibição do desejo.

Ninfomania

A impossibilidade de ter prazer que leva a ter múltiplos encontros, não pelo prazer, mas para tentar atingir um orgasmo... que nunca chega a vir.

A solução: evitar qualquer medicamento que tenha a menção "pode provocar sonolência"...

A depressão

Alguns antidepressivos têm efeitos negativos na libido. Fale disso com o seu médico: talvez ele lhe receite uma dose mais fraca ou aconselhe pura e simplesmente a suspender o tratamento durante alguns dias. Isso deveria permitir-lhe reencontrar a sua libido "de antes".

O álcool

Graças ao álcool, as inibições desaparecem... e as pulsões sexuais também! Conhece a sua resistência real ao álcool? Dois copos podem chegar para matar a libido. Tenha cuidado com o alcoolismo disfarçado de simples consumo regular: não é preciso cair da cadeira para se ser um verdadeiro alcoólico, um ou dois copos por dia chegam para amolecer os reflexos e os desejos...

Os medicamentos

Cerca de 20% dos problemas sexuais dos homens estão ligados aos efeitos secundários dos medicamentos que estão a tomar. Numa mulher, as perturbações do desejo são, digamos, menos visíveis do que num homem, mas as moléculas químicas que fazem baixar a libido de um homem têm exactamente o mesmo efeito no organismo de uma mulher... Concretamente: certos antibióticos, certos tratamentos para a asma, para a diabetes, para a hipertensão e para dores de estômago. Os antidepressivos e os betabloqueadores também podem provocar uma queda considerável do desejo.

Um conselho: volte a falar com o seu médico e peça-lhe para lhe receitar um tratamento equivalente, mas sem efeitos secundários...

Os medicamentos (bis)

Certos medicamentos disponíveis sem receita médica (anti-histamínicos, descongestionantes e soníferos ligeiros) são descontractores musculares... e não precisa disso para passar uma boa noite de amor!

A contracepção

Mude de método de contracepção! Segundo estatísticas sérias, as mulheres que tomam a pílula têm uma sexualidade mais desenvolvida do que as outras. Existem diversas explicações. Em primeiro lugar, as de ordem física: as menstruações são mais ligeiras, o síndroma pré-menstrual fica atenuado. Depois as outras, de ordem puramente psicológica: a pílula é um meio contraceptivo que deu provas e na qual as mulheres têm uma total confiança.

A contracepção (bis)

A pílula não tem só vantagens... contém a progesterona, uma hormona que reduz a lubrificação e retarda o orgasmo. Terá o mesmo prazer a fazer amor mas alcançará com mais dificuldade o orgasmo. Fale dos seus sintomas ao médico...e também com as suas amigas: elas tiveram talvez o mesmo género de problema e encontraram uma solução.

Tente a pílula trifásica; alguns estudos tendem mesmo a comprovar que ela aumenta o desejo.

O lado delas

"Não, querido, esta noite não!"

Você não está para aí virada, neste momento? Antes de culpar o seu parceiro, passe em revista a sua medicação, a sua alimentação, o seu contraceptivo, e o seu modo de vida.

A fadiga

Há apenas uma solução: enfiar-se na cama. Se calhar estafou-se de mais estes últimos tempos... deixe-se dormir 7 ou 8 horas de uma vez, isso vai ajudá-la a estar em forma... amanhã à noite.

O tabaco

Mais vale parar, se tiver a coragem e vontade para fazer isso. O tabaco não é ideal para a saúde, como sabe. E quanto a exercício físico, também não é grande coisa: o tabaco contrai os vasos sanguíneos e impede de respirar fundo. Dito de outra forma: exactamente o contrário do que é necessário para fazer amor bem, uma boa circulação sanguínea...e fôlego!

N de

"Não, querido, esta noite não!" ▪ Ninfomania

Outros acessórios?

■ *Ver também* Bolas de geisha, Escova de dentes eléctrica, *Cock ring*, Godemiché, Espanador, Rolo da massa, Toalha quente, Vibrador.

para o outro, ou em movimentos circulares, a mulher doseia a sua excitação e franqueia um a um, ao seu próprio ritmo, todos os patamares do prazer...

Outras posições?

■ *Ver também* A cavalo, Sentados, Elevador, Colheres, *Fellatio*, Kama Sutra, Liana, Masturbação a dois, Missionário, Armadilha da serpente, Sessenta e nove.

Molas de roupa

De madeira ou de plástico de todas as cores, as suas pequenas mandíbulas podem mostrar-se muito cruéis, mas muitos – e muitas – apreciam esta delicada tortura erótica... Uma mola que aprisiona o bico de um mamilo, o lóbulo de uma orelha, o prepúcio. Uma pequena dor comparável à de um beliscão ou mordidela, mas que dura muito, muito mais tempo... e que deixa as mãos livres para outras coisas.

assim, de beijar e acariciar todas as partes do seu corpo que estarão ao seu alcance....

Então, ainda acha o missionário vulgar e ultrapassado? Ora, pelos vistos ainda tem muito para dar!

Outras posições?

Ver também A cavalo, Sentados, Elevador, Colheres, *Fellatio*, Kama Sutra, Liana, Masturbação, Missionário invertido, Armadilha da serpente, Sessenta e nove.

Missionário invertido

Está tudo dito no nome! Trata-se efectivamente de inverter os papéis, com a mulher a estender-se, com as pernas apertadas, sobre o homem, deitado de costas e igualmente com as pernas apertadas.

A vantagem desta posição é permitir uma excelente contacto entre a verga e o clítoris, com tudo o que isso significa de excitação para os dois parceiros. Movendo a bacia de frente para trás, de um lado

E não se esqueça que a sua vagina está revestida de músculos fortes: contraia-os para segurar dentro de si o sexo do seu parceiro. Encontre com ele um ritmo que lhe convenha e sigam os movimentos um do outro.

Variantes?

Dobre os joelhos até ao peito e pouse as pernas nos ombros dele: a penetração é ainda mais intensa e o baixo-ventre dele vai exercer uma pressão deliciosa sobre os lábios e clítoris.

Sente uma cãibra a chegar? Volte atrás até metade da posição inicial: deixe apenas uma perna no seu ombro, coloque a outra ao longo do seu corpo.

E porque não tomar a direcção das operações? Coloque os pés bem direitos em cima da cama e gire em todos os sentidos à volta do seu sexo. Mesmo que ele esteja pouco atento ele compreenderá assim qual é a cadência, lenta ou mais inquieta, que lhe convém mais a si, e será capaz de se lembrar quando chegar a vez de ser ele a conduzir a dança. Ele terá ainda a oportunidade, ao deixar-se levar

da penetração levantando em maior ou menor grau as pernas e os joelhos. Quanto mais as pernas estiverem para cima, mais profunda será a penetração.

A posição básica não permite contudo uma boa estimulação do clítoris; também é muitas vezes descrita como demasiado "clássica", ou mesmo sexista. Porquê? Porque a mulher se encontra debaixo do homem, logo em posição de "inferioridade", imobilizada pelo peso do macho dominante... Mas um pouco de flexibilidade e de imaginação podem facilmente contrariar estas ideias antiquadas e proporcionar imenso prazer...

A experimentar

Em lugar de manter as pernas esticadas, abra-as bem e levante-as: a penetração será muito maior. Depois feche as pernas em redor do corpo do seu parceiro para que os vossos corpos estejam ainda mais próximos um do outro.

Com um pouco de treino deve poder colocar os seus pés nas nádegas dele: o ângulo de penetração do sexo dele será ainda maior.

a segunda subentende que os valentes evangelizadores teriam alguma tendência exibicionista, pouco compatível com a dignidade das suas funções...

Mas voltemos à nossa posição. A mulher está deitada de costas e o seu parceiro está estendido sobre ela. Estendido e não espojado, o que implica apesar de tudo que ele seja suficientemente forte de braços para suportar o peso do seu torso e não esmagar a sua parceira. O que é muito sensato se ele for corpulento e a sua companheira mais para o frágil!

A posição do missionário é, juntamente com a da liana (ver esta entrada), a que assegura o máximo de contacto entre as duas epidermes: as pernas, os abdómens e as partes genitais, claro, mas também o torso. Os dois rostos estão perto um do outro, para se beijarem, se olharem nos olhos, falarem, sussurrarem. E os braços estão livres para se apertarem, abraçarem, acariciarem.

A posição do missionário permite uma penetração profunda, o que é vantajoso para os casais que querem ter um filho. A mulher pode regular a intensidade

Missionário

É sem dúvida a posição mais tradicional e a mais praticada, mas pode reservar algumas surpresas...

Existem duas explicações para a origem do nome desta posição. A primeira diz que esta posição bastante conservadora era a única que os missionários autorizavam aos habitantes dos países exóticos para onde tinham ido evangelizar. Eles pensariam certamente que as outras posições seriam demasiado animalescas ou bizarras para serem recomendáveis. Ou então já saberiam que se trata de uma das posições mais favoráveis à concepção, aos seus olhos a única justificação da actividade sexual...

Segundo uma outra versão, o termo deriva dos habitantes de certas ilhas da Polinésia, que achavam muito cómica a maneira como os pastores que os tinham vindo converter faziam amor com a sua mulher, um em cima do outro. Qual é a versão correcta? A primeira parece mais verosímil, dado que

O lado delas

A evitar

Os gestos demasiado bruscos, as paragens imprevisíveis que cortam o ritmo... Ou então, seja sincera: ouse pedir ao rapaz que lhe guie a mão, que regule a pressão dos dedos e o ritmo dos vai e vem. Pouco a pouco aprenderá a conhecer as menores reacções do seu corpo e a decifrar os sinais de prazer, a sentir quando é necessário acelerar a cadência ou a moderá-la, a ver subir o orgasmo... E se for agora a vez dele se mostrar bom aluno? Ele tem apenas de ler o capítulo "Masturbação a dois" na parte deles....

Outras posições?

■ *Ver também A* cavalo, Sentados, Elevador, Colheres, *Fellatio*, Kama Sutra, Liana, Missionário, Missionário invertido, Armadilha da serpente, Sessenta e nove.

portanto de cotovelo de apoio colocando-se tanto com a face perto da dele, como de cabeça para baixo.

Pode também sentar-se a cavalo nas coxas dele; as suas duas mãos estão assim disponíveis ao mesmo tempo.

Mantenha um ritmo sustentado, lembrando-se que a glande é a parte mais sensível da verga: é interessante fazer variar a pressão – mais fraca na base da verga e mais forte no cimo – no decurso do vaivém. Quando a excitação sobe – os sinais são evidentes: os movimentos retesam-se, a respiração acelera-se, palavras sem ambiguidade assomam aos lábios – não abrande a cadência, pelo contrário. A maior parte dos homens prefere sentir uma pressão cada vez mais forte até ao fim da ejaculação. De seguida, pare o movimento e retire suavemente as mãos porque pouco depois da ejaculação a glande fica muito sensível e o menor toque pode ser doloroso.

– transparente – que sai da uretra ou (de maneira mais artesanal!) com um pouco de gel lubrificante ou de saliva colocada na ponta dos dedos. Este problema não existe, evidentemente, se o seu parceiro for circuncidado.

E depois?

Como o movimento de baixo para cima e de cima para baixo deverá ser repetido várias vezes, é melhor instalar-se confortavelmente... Pegue no sexo dele com a mão que lhe dá mais jeito, a direita se for dextra, e inversamente. Atenção ao entorpecimento, que não é agradável para ninguém: a pessoa que sente a mão a ficar dormente perde o entusiasmo, o que se compreende, e o seu parceiro que começava a descolar é repentinamente atirado para terra por uma paragem brusca destas deliciosas manipulações... Para prevenir isto, é necessário encontrar uma posição que permita mudar de mão quando se pressente o entorpecimento. O seu parceiro estará com certeza deitado de costas ou de lado. Você deve estar em frente dele apoiada sobre o cotovelo. Mude de mão e

Em primeiro lugar: atreva-se! Atreva-se a pegar no sexo do seu parceiro, atreva-se a acariciá-lo.

Ocupar-se dele

Há diversas coisas que convém saber. Em primeiro lugar, a glande é percorrida por milhares de terminações nervosas; trata-se portanto de uma zona extremamente sensível – ela permanece sensível, de resto, algum tempo depois da ejaculação, e o menor contacto pode ser doloroso.

A maioria dos rapazes masturba-se fazendo deslizar a mão fechada sobre toda a extensão da verga. Mas o que eles fazem de maneira absolutamente instintiva e natural pode não ser evidente para uma rapariga que não tem, por definição, o mesmo tipo de receptividade.

No momento de fazer amor a glande está descoberta, isto é o prepúcio, a parte da pele do sexo que cobre a glande, liberta-o e dispõe-se em forma de coroa na sua base. Pode ser doloroso puxar o prepúcio para a base sem lubrificação. Esta pode fazer-se de forma natural graças ao líquido seminal

Masturbação a dois

Os benefícios da masturbação foram devidamente explicitados no capítulo anterior; aqui irá tratar-se da masturbação, já não solitária, mas a dois.

A masturbação a sós é uma questão de escutar os seus próprios ritmos, as suas próprias vontades; ela permite encontrar, com um bocadinho de prática, um caminho cómodo e directo para o prazer. As coisas complicam-se quando se trata do prazer do outro, cujo corpo, reacções e forma de encontrar o prazer são necessariamente diferentes dos nossos.

Masturbar o seu parceiro pode ser uma experiência muito agradável. É uma forma de se dedicar inteiramente ao prazer dele, com a satisfação de sentir a sua excitação e prazer a crescerem.

Assim o rapaz não fica com uma erecção inútil; e se tiver sido ele a alcançar o orgasmo em primeiro lugar, a parceira não fica frustrada...

Mas é necessário saber comportar-se: é o objecto deste capítulo.

A casa de banho pode ser um local de experiências solitárias muito agradável. Porque não aproveitar do momento da toilette para ter prazer? Sentada ou agachada na banheira, o jacto do duche correctamente dirigido com uma pressão bem doseada, proporcionará sensações muito agradáveis sobretudo se completar esta sessão com carícias manuais. O sabonete ou o gel podem ser excelentes lubrificantes externos, mas não os introduza na vagina: haveria o risco de eles destruirem a frágil flora que aí se encontra.

A adolescência e o depois

As práticas sexuais solitárias não se interrompem, evidentemente, quando se encontra um parceiro... Apesar de ninguém falar disso, muitas pessoas praticam a masturbação na idade adulta por diversas razões: falta de parceiro, pulsões sexuais mais imperiosas do que as do parceiro, ociosidade...

Não há que ter absolutamente nenhum complexo: sofremos todos do mesmo mal!

da frente para trás: o importante é conservar um ritmo regular. O capuz recuará sozinho quando a excitação subir.

Quando perceber o tipo de carícia que lhe convém, deixe intensificar-se o prazer, mantendo-se atenta às sensações que se espalham em todo o corpo. Em breve essas sensações muito agradáveis se irão amplificar, sentirá a sua vagina estremecer com espasmos, os músculos vaginais contrair-se-ão: o orgasmo está próximo!

É altura de estimular mais suavemente o clítoris, que fica muitas vezes um pouco doloroso depois do orgasmo.

No duche

Como é sabido, a casa de banho é um lugar privilegiado do erotismo... talvez simplesmente porque seja a única parte da casa, juntamente com o quarto, onde podemos estar todos nus! É também muitas vezes, durante a adolescência, o único local onde se pode ter um pouco de intimidade.

netração é indispensável ou não para o seu prazer, etc. Tudo isto devido à masturbação! Decididamente, não é um mau hábito, mas sim um parceiro insubstituível!

A masturbação não se limita às carícias vaginais. As mulheres, contrariamente aos homens, que têm tendência a considerar o seu sexo como fonte única de prazer, mostram-se muito receptivas a vários outros estímulos. Descontraia-se acariciando os braços, o interior das coxas, desenhando pequenos círculos em redor da ponta dos seios. Sensações que fazem subir o prazer, permitindo-lhe conhecer melhor de que género de estímulo tem necessidade para alcançar o orgasmo.

Deitada de costas, descontraída, tente diversas carícias: fricções mais ou menos apoiadas, pressões ligeiras. Aplique um pouco de gel lubrificante nos pequenos lábios ou, na sua falta, um pouco de saliva. Aproxime-se vagarosamente da zona do clítoris, extremamente sensível aos estímulos. Deixe-o coberto pelo seu pequeno capuz e acaricie-o. Pequenas pressões, carícias circulares ou

do supermercado e pense nas cenouras, nas beringelas, ou nos pepinos. Algumas mulheres preferem as velas, os vibradores ou pequenas garrafas de vidro. Mas atenção às garrafas: nunca introduza o gargalo, se o seu corpo funcionar como uma ventosa poderá dificultar a extracção... e então adeus prazer, olá sentimento de culpa. Último conselho: sobretudo nunca utilizar objectos frágeis, a contracção dos músculos da vagina poderia parti-los. Nada de lâmpadas, por exemplo... Parece estranho dizer isto, mas as urgências dos hospitais atendem todos os dias mulheres que introduziram na vagina objectos bizarros e perigosos...

A lista dos objectos agradáveis e inócuos é suficientemente longa para lhe permitir encontrar o prazer que se irá reflectir de forma positiva na sua vida sexual com um parceiro: ensina-a a conhecer melhor as reacções do seu corpo, os seus verdadeiros desejos e a sua maneira de aceder ao orgasmo.

De seguida cabe-lhe falar disso com o seu parceiro, explicando-lhe se é mais clitoridiana que vaginal, se prefere carícias lentas ou mais rápidas, se a pe-

Os seus dedos são os seus mais preciosos aliados. Acaricie-se com um dedo ou vários, depois com a mão toda, de maneira a roçar ao de leve o clítoris e a vagina. De que sensação gosta mais? Introduza docemente um dedo no seu sexo e contraia levemente os músculos da vagina. Descontraia-se, contraia-se: imagine que não é o seu dedo que está lá mas o sexo de um homem, que retém em si graças a esta carícia íntima. Aqui está um excelente meio de destrinçar o que gosta mais: carícias no clítoris ou vaginais? Com ou sem penetração? Perceberá rapidamente se tem secreções suficientes para que a sua vagina fique lubrificada de modo a que o vaivém dos seus dedos, primeiro lento depois cada vez rápido, se faça sem choque, sem dor mas com um conforto morno e húmido, com prazer e sem qualquer sentimento de culpa.

Com certeza que já pensou também – confesse – introduzir na vagina um objecto que recorde a forma do sexo do homem. Se não ousar – o que é compreensível – ir a uma sex-shop comprar um godemiché, dirija-se ao sector de frutas e legumes

corpo a masturbação é um pouco a mesma coisa. Apercebemo-nos que o corpo tem pulsões, que certos gestos, certos movimentos nos dão incidentalmente prazer. Descobrimos que uma imagem ou uma ideia é capaz de desencadear na barriga e em todo o corpo um arrepio sensual muito agradável. Porquê recusar-se a si própria esse prazer?

A masturbação é um excelente meio de conhecer o seu corpo e de notar as suas reacções. Lembre-se também das imagens que lhe passam pela cabeça nos momentos mais quentes: elas reflectem as suas fantasias mais secretas.

A masturbação também permite conhecer melhor as suas reacções, os seus desejos, e de controlar em certa medida as suas pulsões, a fim de as coordenar com as do seu parceiro.

Sabia que a masturbação é uma excelente maneira de manter a elasticidade dos músculos vaginais? Diz-se que não se deve abusar das coisas boas; eis contudo algumas pistas.

de si um rosário de proibições, de silêncio e de vergonha. E no entanto, não há nada de mais natural, nem de mais necessário!

Antigamente, nos internatos, as crianças deviam dormir de costas, com as duas mãos por cima dos lençóis, por medo que elas se perdessem sob a roupa à procura de prazeres solitários... As coisas mudaram actualmente (pelo menos é o que esperamos), mas os tabus têm a vida longa. Faça você mesmo esta experiência: escreva – mesmo que só mentalmente – as palavras que lhe vêm espontaneamente à cabeça quando pensa em "masturbação". Reflicta... E então? Pensou com certeza em expressões como "vergonha", "solidão", "culpabilidade", ou "mal f...", não foi?

E no entanto, ela é sinal que tudo vai bem! Sinal que o corpo se desenvolveu o suficiente para que os órgãos sexuais estejam no sítio e funcionem perfeitamente, sinal que a infância acabou e que um novo período da vida começou.

Imaginaria não experimentar um carro novo? Ou não folhear um livro acabado de comprar? Para o

temente vários graus no masoquismo, que pode ir da simples palmada no rabo à submissão total. São jogos reservados para adultos responsáveis e perfeitamente conscientes daquilo que fazem. É igualmente necessária, claro, uma confiança absoluta entre os parceiros.

O masoquismo, tal como o sadismo, que o completa, e o sadomasoquismo, resulta na maior parte das vezes em encenações e em jogos muito complexos, que utilizam uma panóplia de acessórios especializados, cenários e roupas particulares, etc. Um arsenal que não está acessível a todos: é por esta razão que a maioria dos encontros sadomasoquistas tem lugar em clubes especializados, extraordinariamente rigorosos quanto às motivações e seriedade dos seus aderentes.

■ *Ver também* Sadismo, Sadomasoquismo.

Masturbação

Toda a gente a pratica, ninguém fala nisso... Uma palavra que não soa muito bem, que arrasta atrás

Para terminar, saiba que os mamilos dos homens são também, evidentemente, muito sensíveis e erécteis. Aprenda a acariciá-los, chupá-los, mordiscá-los...

Outras zonas erógenas?

■ *Ver também* Axilas, Ânus, Boca, Cabelos, Pescoço, Costas, Interior das coxas, Umbigo, Orelhas, Períneo, Ponto G.

Masoquismo

Termo derivado do nome de Leopold von Sacher-Masoch, um escritor austríaco do século XIX. Ele é nomeadamente o autor de um romance intitulado *A Vénus das Peles*, cujo herói tem prazer em ser tiranizado por uma mulher. Uma história muito inspirada pela própria experiência de Sacher-Masoch: a sua mulher quis ser chamada pelo mesmo nome que a heroína da obra.

O masoquismo é uma preferência sexual que consiste em ter prazer com a dor. Existem eviden-

Mamilos

A ponta dos seios é uma zona extremamente sensível, por causa da delicadeza da pele nesse sítio. É também, já o terá reparado, uma zona eréctil, que se contrai e endurece ao menor contacto, o que não deixa de ser particularmente excitante, e de pôr em marcha o mecanismo do desejo: o mamilo acariciado, lambido ou chupado empina-se, estica-se de prazer, e este espectáculo só aumenta o desejo do outro... Simples afloramentos com a ponta dos dedos podem provocar vagas de um prazer um pouco irritante, sobre o qual não sabemos bem se gostaríamos que parasse ou que se amplificasse: é a subida do desejo!

Não esquecer o cocktail sexo/alimentação... Nessa ocasião, pouse delicadamente na ponta do seio um pouco de iogurte, duas gotas de doce ou de mel: a lamber gulosamente antes que caia sobre os lençóis! Aos homens lembra sem dúvida as delícias das suas primeiras mamadas; às mulheres desperta talvez o seu lado maternal para com o seu parceiro... Um grande clássico dos jogos eróticos.

M de

- Mamilos . Masoquismo
- Masturbação
- Masturbação a dois
- Missionário
- Missionário invertido
- Molas de roupa

a iniciativa de o levar às lojas e escolham em conjunto as roupas que introduzirão um picante nas vossas relações. E peça-lhe para fazer o mesmo: a roupa interior sexy também existe para homens!

Outras fantasias?

■ *Ver também* A vários, *Bondage*, Exibicionismo, Fetichismo, Sadomasoquismo, Sodomia, Voyeurismo.

Libido

O desejo sexual, a vontade de fazer amor. A libido tem naturalmente altos e baixos, em função de diversos parâmetros como a idade, o cansaço, a tomada de certos medicamentos, o stress, etc.

Lingerie

Rendas, uma camisa de noite transparente, uma alça que escorrega no ombro... Há sempre algo de terrivelmente erótico na lingerie! O corpo não está propriamente nu, não completamente oferecido, ainda há qualquer coisa para tirar, o homem tem a impressão de entrar na intimidade da sua parceira...

Muito poucos homens resistem à lingerie mais ousada... e cada vez mais mulheres perdem a cabeça com a roupa interior sexy, tanto para seu próprio prazer como para o do parceiro.

Não espere que ele lhe ofereça um fio dental de renda ou um soutien para realçar os seios: tome

Liana

Ele está sentado direito e você vem sentar-se sobre ele – enfim, sobre o seu sexo – , enrolando as pernas à volta dos seus rins e os braços à volta dos seus ombros, exactamente como uma liana ou um braço de hera a rodear um tronco de árvore. Nesta posição, as zonas de contacto entre os corpos são mais numerosas. Ela permite uma penetração mais profunda e põe em contacto a verga e o clítoris.

Se o homem acariciar as costas e as nádegas da sua parceira, beijando-a e estimulando os seios – que estão justamente em frente do seu rosto, reconheça que é tentador – poderá compreender que muito poucas zonas erógenas ficam por estimular e que está aberto o caminho do prazer!

Outras posições?

■ *Ver também* A cavalo, Sentados, Elevador, Colheres, *Fellatio*, Kama Sutra, Galga, Masturbação a dois, Missionário, Missionário invertido, Armadilha da serpente, Sessenta e nove.

A maioria dos homossexuais homens sabem muito rapidamente qual é a sua verdadeira natureza mas muitos só tarde percebem que não foram feitos para viver com uma mulher; alguns chegaram mesmo a casar-se, tiveram filhos. No caso das lésbicas, estas mudanças de orientação sexual são ainda mais frequentes.

Talvez porque seja ainda mais difícil para uma jovem do que para um rapaz aperceber-se que não está só nesta situação: o lesbianismo mostra-se ainda menos que a homossexualidade masculina.

Outra explicação: algumas jovens que não sentiam nenhuma satisfação sexual com um parceiro masculino alcançam um real prazer com outras mulheres, que compreendem melhor o funcionamento dos seus desejos.

Outras saíram com rapazes para imitar as amigas, antes de perceber que a sua verdadeira natureza não era essa e que era tempo de viver de acordo com as suas verdadeiras pulsões.

O lado delas

Lábios

■ *Ver também* Órgãos genitais da mulher.

Lesbianismo

O lesbianismo designa a homossexualidade feminina; também se usa por vezes o termo safismo, mais literário.

As duas palavras estão na realidade muito próximas: Safo era uma poetisa da Antiguidade grega, que escreveu versos a falar do amor entre duas mulheres. E nasceu em Lesbos, uma pequena ilha grega.

Tal como para os homossexuais homens, todos os graus da homossexualidade feminina são possíveis: lesbianismo exclusivo, bissexualidade, heterossexualidade e depois fase homossexual seguida de um regresso à heterossexualidade, etc. O importante é viver de acordo com as suas pulsões!

L de

Lábios ▪ Lesbianismo ▪ Liana ▪ Libido ▪ Lingerie

E quanto às posições?

■ *Ver* A cavalo, Sentados, Elevador, Colheres, *Fellatio*, Galga, Liana, Masturbação a dois, Missionário, Missionário invertido, Armadilha da serpente, Sessenta e nove.

As arranhadelas têm todas nomes: a meia-lua para a marca de uma só unha, o salto da lebre quando as cinco unhas deixaram sinal. Um arranhão curvo é uma garra de tigre, e cinco marcas paralelas formam uma pata de pavão.

As mordidelas podem ser de pontos em linha, quando todos os dentes deixaram marca, ou mordidela de javali, quando aparecem várias marcas vermelhas concêntricas. Estas feridas minúsculas são consideradas marcas de amor cujo portador tem orgulho em exibir, enquanto que no Ocidente a tendência seria para escondê-las…

Portanto, um livro a ler?

Sim! O Kama Sutra é um tratado apaixonante, onde se aprende que há dezassete séculos atrás os homens e as mulheres já tinham as mesmas angústias, as mesmas manhas e as mesmas estratégias que nós…

mente uma mulher à sua vontade, ele deve untar o seu sexo com uma mistura de pimenta moída e mel, antes de fazer amor com ela. Pimenta na glande... acha que arranja algum voluntário?!

Lebres, éguas e elefantes

O Kama Sutra também tem as suas receitas para um bom entendimento sexual. Segundo a obra, os homens dividem-se em três categorias, segundo o tamanho do seu sexo: em ordem crescente, há o "homem-lebre", o "homem-touro" e o "homem-cavalo". Para as mulheres, é a profundidade da vagina que é determinante: "mulher-corça", "mulher-égua" ou "mulher-elefante"...

Claro que nem todas as misturas são recomendáveis: as uniões cavalo/égua ou cavalo/corça funcionam bem, mas não égua/lebre...

SM à indiana

As mordidelas, as arranhadelas e as beliscaduras (ligeiras!) eram aparentemente muito apreciadas durante uma noite de amor.

O livro ensina a delicadeza: durante os primeiros dez dias de casamento, os jovens esposos não devem ter relações sexuais, mas aprender pouco a pouco a conhecer-se, a ter confiança um no outro.

Faz-se a corte de uma forma terna e poética: joga-se às cartas, entrançam-se grinaldas de flores, dão-se pequenos presentes...

Mas também lá se encontram informações muito mais terra a terra. Para obter dinheiro do amante, podemos dizer-lhe que nos roubaram as jóias, ou que não podemos aceitar um convite porque não temos nada para oferecer aos donos da casa...

Para nos vermos livre do amante, basta pedir-lhe para fazer amor quando ele está visivelmente cansado e sem vontade: é fácil de seguida censurar-lhe a falta de ardor...

Mas um pouco de magia permite contrabalançar estas manigâncias. Se um homem não se sente muito em forma, pode sempre beber um pouco de leite açucarado no qual se cozeu um testículo de carneiro ou de bode... Para submeter completa-

O lado delas

Eis por exemplo a descrição de um encontro amoroso.

Aquando de uma festa entre amigos, um rapaz e uma rapariga conversam um pouco de tudo e de nada, dançam, cantam e tocam música. Noite fora, quando os convidados se foram já embora, fazem amor num quarto perfumado e repleto de flores... A seguir cada um deles vai à casa de banho, antes de se encontrarem num terraço, ao luar. Falam, petiscam qualquer coisa, bebem um pouco. A rapariga estende-se sobre algumas almofadas e pousa a cabeça nos joelhos do seu amante, que lhe descreve as constelações, a estrela polar, a estrela da manhã...

Pois bem, isto também é o Kama Sutra!

O Kama Sutra explica ainda como agir em situações eróticas precisas. Por exemplo, se o homem teve prazer mas não a sua parceira, ele não se deve mostrar egoísta e deve continuar a ocupar-se dela acariciando-a com ternura. Pode por exemplo acariciar-lhe a vulva com a mão, "como o elefante com a sua tromba"...

K

O Kama Sutra é uma espécie de manual que explica aos homens e às mulheres como viverem juntos segundo os preceitos de Kama, o deus hindu do amor.

Kama é um belo jovem, armado com um arco e um laço que lhe permitem atingir os corações à distância. Invisível e muito poderoso, ele proporciona aos homens as maiores alegrias e também as maiores tristezas.

O Kama Sutra fornece também algumas receitas mágicas para seduzir uma mulher rebelde, recuperar a amante frígida, ou reencontrar o vigor do homem mais jovem...

Estuda em pormenor a estratégia da sedução e a compatibilidade das personalidades do homem e da mulher.

Descreve também um mundo maravilhoso, onde se passa a vida em festas, em concertos, e onde a mulher ocupa um lugar de destaque, um pouco à semelhança do amor cortês da Idade Média.

Kama Sutra

Toda a gente pensa que o Kama Sutra é uma espécie de catálogo de todas as posições que um homem e uma mulher podem adoptar no decurso dos seus jogos eróticos.

Na realidade, mesmo que descreva 529 (!) posições, algumas das quais bastante acrobáticas e complexas, o Kama Sutra é muito mais sério do que parece. Foi escrito nos séculos III ou IV da nossa era por um sacerdote indiano chamado Mallinaga Vatsyayana. Trata-se portanto, de certo modo, de um livro sagrado, que explica a importância da sexualidade nas relações entre homens e mulheres.

Quando se fala de relações sexuais entre um homem e uma mulher está a falar-se de possibilidades de fecundação, de nascimento, de perpetuação da vida. Visto sob este ângulo, o facto de fazer amor é uma forma de colocar no ciclo universal da vida, feito de uma sucessão de nascimentos e mortes!

K_{de}

Kama Sutra

plano psicológico: o feto apercebe-se do estado de espírito da mãe, a sua serenidade ou a sua inquietação, as suas angústias, podendo ficar marcado para toda a vida..

Contrariamente ao que dizem os defensores da abolição da IVG, uma criança não é forçosamente uma "prenda do céu". Deve poder vir ao mundo sendo desejada, esperada. Todos nos temos cruzado com mulheres grávidas radiantes, felizes por serem portadoras de uma criança que amam já profundamente: são estas condições por que deveria passar a gravidez de todas as pessoas, não é?

Existe sobretudo um ponto essencial a não esquecer: a decisão final deve caber à única pessoa a quem diz realmente respeito: a jovem que está grávida sem o desejar.

três, cinco, dez abortos? Outro argumento dos anti-IVG: o número de casais que lutam durante anos em verdadeiras maratonas jurídicas para conseguir adoptar uma criança. Não seria mais fácil confiar-lhes uma criança cuja mãe não se sente capaz de a educar?

Esta lógica primária – uma criança não desejada por uma mulher seria acolhida calorosamente por outra – não leva em conta a psicologia da jovem grávida e o destino da criança que vai nascer. Sentir crescer dentro de si uma criança que a jovem não está pronta para acolher, que será fonte de uma grande quantidade de problemas materiais, financeiros, etc., cujo pai não quer ouvir falar disso ou simplesmente não está lá, apesar de tudo isto dar à luz e "dar" esta criança a desconhecidos... Esta experiência é sem dúvida muito mais traumática que um aborto médico.

Além de que toda a gente sabe hoje que as crianças são extremamente receptivas a tudo o que chega da sua mãe. No plano físico, evidentemente, visto que se alimenta através dela mas também no

por não ter de mudar toda a sua vida por causa da criança cuja vinda não estava prevista nesse momento e que traria muitas angústias e dificuldades; tristeza ligada a um sentimento de culpa mais ou menos inevitável. Torna-se importante poder exprimir os seus sentimentos, poder confiar aos seus pais, aos seus amigos ou na falta destes a uma assistente social ou a um médico. Uma IVG é um acontecimento doloroso, certamente, mas não marca uma ruptura na vida da mulher: é simplesmente um acidente de percurso que não coloca de forma nenhuma em causa as possibilidades de ter uma criança mais tarde, quando estiverem reunidas todas as condições materiais e afectivas. Mas isso é outra história.

E a moral em tudo isto?

Por razões culturais ou religiosas muitas pessoas consideram o aborto uma "facilidade" que desresponsabiliza tanto os homens como as mulheres face à sexualidade. No caso de alguém não se lembrar de adoptar um meio de contracepção, o aborto permite evitar manter a gravidez. Então porquê

ça de um foco infeccioso: é necessário informar o médico.

Se o embrião não tiver sido retirado na totalidade será necessário fazer nova raspagem para limpar perfeitamente o útero: hemorragias persistentes e cãibras dolorosas indiciam que a primeira intervenção não teve êxito total.

Pode-se ter bebés depois?

Uma IVG praticada em condições normais de higiene e por um médico experimentado não compromete absolutamente nada as possibilidades posteriores de ter uma criança. Alguns médicos consideram contudo que abortos demasiado frequentes podem acarretar o risco de tornar o colo do útero incapaz de acolher um embrião.

E a disposição em tudo isto?

Psicologicamente, um aborto não é uma situação fácil de ultrapassar. As jovens que fizeram uma IVG experimentam por vezes um sentimento estranho que é uma mistura de tristeza e de alívio. Alívio

Precauções

Durante pelo menos os primeiros quinze dias depois do aborto é necessário abster-se de relações sexuais, de nadar e de tomar banho de banheira. Felizmente os duches são autorizados! Durante o mesmo período é igualmente necessário substituir os tampões higiénicos por pensos e seguir o tratamento com antibióticos para prevenir qualquer infecção.

Na grande maioria dos casos a intervenção corre bem: é uma intervenção simples e muito corrente. Os problemas que podem sobrevir resolvem-se facilmente sob o ponto de vista médico mesmo que a ideia de passar uma segunda vez pela "situação" não tenha nada de agradável.

As complicações podem sobrevir em caso de infecção ou se o embrião não for retirado na totalidade.

Qualquer risco de infecção é prevenido se se tiver o cuidado de seguir à risca o tratamento com antibióticos prescrito após a intervenção; hemorragias anormais e dores podem contudo indiciar a presen-

ultrapassar sobretudo – e é muitas vezes o caso – se a jovem estiver sozinha e desamparada com a sua gravidez não desejada. Neste caso é sempre possível pedir conselho e conforto a uma enfermeira ou a uma pessoa dos serviços sociais.

Imediatamente a seguir

Uma IVG é muitas vezes seguida de cãibras dolorosas no baixo-ventre e de hemorragias. Ao fim de uma semana tudo volta à normalidade e no fim de duas semanas o colo do útero está de novo no seu estado normal. Contudo é necessário manter-se vigilante e atenta ao seu corpo: algumas cãibras e hemorragias são completamente normais mas não podem continuar para além de alguns dias ou serem muito frequentes: isso pode ser sinal de complicações.

Outra questão: produzem-se inevitavelmente modificações hormonais em virtude do regresso do corpo ao estado de não gravidez; é necessário cerca de uma semana para que o reequilíbrio hormonal se faça.

modo que a entrevista de "motivação": um aborto é uma decisão grave tal como, aliás, a decisão de manter a criança. Daqui decorre evidentemente o interesse de decidir o mais cedo possível nas primeiras semanas seguintes à concepção apara não correr o risco de sofrer as complicações de um aborto praticado um pouco tarde.

Uma vez que a decisão esteja tomada a jovem passará por dois médicos, um anestesista e o médico que vai praticar a intervenção.

O anestesista insensibiliza o colo do útero administrando uma anestesia local, de seguida dilata-o ligeiramente para introduzir um tubo. Através desse tubo é aspirado o produto resultante da concepção (o saco, a placenta, até à oitava semana o embrião, depois disso o feto). Uma raspadeira permite ao médico limpar delicadamente as paredes do útero raspando-o. Está pronta: a intervenção demora uma dezena de minutos. Depois é necessário um período de repouso e é necessário não fazer esforços durante vários dias: o corpo fica fatigado e psicologicamente é uma etapa por vezes difícil de

Contudo é inútil carregar as cores do quadro! O aborto é uma intervenção relativamente benigna a partir do momento em que for tomada a decisão de o fazer.

O período melhor para fazer uma IVG situa-se entre a sexta e a décima segunda semana de gravidez. Antes disso o feto é demasiado pequeno. Depois disso – e sobretudo depois da décima oitava semana de gravidez – os riscos de complicações são maiores; a IVG só é praticada por razões médicas muito sérias.

Como?

Passa-se em primeiro lugar por uma entrevista com um conselheiro que pretende assegurar-se de que a decisão de fazer a IVG foi mesmo tomada pela jovem e por ela somente sem influência da opinião seja de quem for. Se o conselheiro não ficar absolutamente convencido não dará o seu acordo para a intervenção mas enviará a jovem para casa para lhe conferir um tempo de reflexão suplementar. Este período de reflexão é obrigatório do mesmo

ainda não foi iniciado. As propostas para alteração da lei sobre o aborto em Portugal passam sobretudo pela adopção das recomendações da UE. No entanto, todos os partidos apresentaram projectos.

Onde?

Em França esta intervenção pratica-se nas clínicas especializadas ou em hospitais públicos.

Quando?

A lei francesa autoriza o aborto até à décima segunda semana de gravidez mas está em estudo uma harmonização com as leis europeias. O período legal durante o qual a intervenção pode ser efectuada vai ser alongado mais algumas semanas. No caso muito frequente em que a jovem em questão hesita tempo "de mais" sobre a decisão a tomar sobre a sua gravidez não desejada, é permitido intervir dentro da legalidade um pouco mais tarde. Deixa de haver necessidade de ir a uma clínica no estrangeiro, nem de recorrer a um aborto clandestino, cujas consequências médicas e psicológicas são absolutamente desastrosas.

existem nem as possibilidades materiais nem a maturidade necessárias para a educar. E não nos podemos impedir de pensar na reacção desta criança que um dia virá a saber que foi adoptada e que num certo sentido a mãe não a quis... Uma revelação que deve ser extremamente desestabilizante...

Praticar uma IVG

Em Portugal, o aborto tem sido discutido desde o 25 de Abril e por várias vezes esteve à beira de ser legalizado. Em destaque está um acórdão do Tribunal Constitucional, redigido pelos constitucionalistas Gomes Canotilho e Vital Moreira. O direito à vida é posto em confronto com o direito à dignidade da pessoa humana. A conclusão dos dois constitucionalistas é de que não existe uma imposição constitucional e como tal cabe ao Estado decidir a legislação a aplicar. Portugal decidiu sempre pela criminalização (excepto nos casos previstos na lei). Em 2002, a Assembleia da República aprovou uma resolução no sentido de realizar um estudo sobre o aborto em Portugal. A comissão encarregue não chegou a acordo sobre a metodologia a aplicar e até hoje o estudo

– Terei dinheiro suficiente para fazer face às despesas da vinda de uma criança (uma casa maior, o enxoval, um carrinho, as fraldas, um pediatra, etc.)?

– E os meus estudos?

– E o meu trabalho?

– Não será melhor interromper esta gravidez não desejada e esperar até que estejam reunidas melhores condições materiais e afectivas para ter uma criança?

Dar à luz em anonimato

A gravidez é mantida até ao fim do tempo e assim que o bebé nasce, fica a cargo dos serviços sociais e depois colocado numa família de acolhimento ou adoptado. Nunca mais vai encontrar o bebé, ele nunca a conhecerá.

É uma decisão muito difícil de tomar e forçosamente traumatizante. É difícil aceitar separar-se duma criança que se trouxe no ventre durante nove meses, mesmo que se saiba muito bem que não

Manter a gravidez

Evidentemente que é uma decisão séria: revoluciona durante muito tempo todas as facetas da vida, trabalho, casa, profissão, tempo livre... Mesmo que a primeira imagem que lhe venha ao espírito seja a de um lindo bebé sorridente, mesmo que todas as suas amigas lhe digam "Deixa vir o bebé, é fabuloso!", "Não te preocupes, nós ajudamos-te!", é necessário colocar muitas questões.

Entre essas questões:

– Sou suficientemente responsável para educar uma criança?

– A minha família e os meus amigos apoiar-me-ão?

– O meu envolvimento com o pai da criança é suficientemente sério para encarar a hipótese de constituir família?

– Poderei encarar a hipótese de educar uma criança sozinha?

– Uma criança educada sem pai não corre o risco de sofrer com a situação?

Faça um teste de gravidez depois de um atraso de dois dias da menstruação.

Se o teste for positivo, não entre em pânico! Apresentam-se três possibilidades: ter o bebé, dar à luz em anonimato ou abortar. Qualquer que seja a decisão tomada, ela é muito séria. É necessário falar com o parceiro, com as suas amigas, com a sua família. Se o parceiro já lá não está, se as relações com a família não forem muito cordiais e temer uma rejeição da sua parte, os serviços sociais ou as associações de planeamento familiar poderão orientá-la para alguém que a saberá escutar e ajudá-la na situação.

Mas aconteça o que acontecer, a última palavra é sua. A vinda de uma criança não é um acontecimento vulgar, nem a escolha de a dar à adopção ou de abortar. Quaisquer que sejam as pressões num sentido ou noutro das pessoas que a rodeiam, a decisão final tem de ser sua e só sua: se ainda for muito jovem, esta será talvez a sua primeira decisão de adulta...

Outras zonas erógenas?

■ *Ver também* Axilas, Ânus, Boca, Cabelos, Pescoço, Umbigo, Orelhas, Períneo, Ponto G, Testículos, Mamilos.

IVG

Sigla de "Interrupção Voluntária da Gravidez", ou seja, aborto.

A IVG é uma operação que ninguém encara de ânimo leve mas que é muito corrente e absolutamente sem perigo – na medida em que, evidentemente, seja praticada em meio médico.

Quando recorrer à IVG?

Pode-se temer uma gravidez não desejada depois de ter tido relações não protegidas. Nesta situação, o primeiro reflexo é ir ao médico pedir a pílula do dia seguinte: tomada nas setenta e duas horas seguintes, interrompe a gravidez. Na sua falta, é desejável a colocação de um aparelho de esterilização nos cinco dias seguintes à relação.

amor desaparece – tal como a vontade de comer bem ou de festejar.

Alguns números

A inibição afecta cerca de 60% das mulheres e somente 10 a 15% dos homens... Números que não abonam nada em favor dos homens: claramente eles não despendem muitos esforços para manter a curiosidade sexual das suas companheiras...

Parece mesmo que alguns homens voltam as costas, adormecendo assim que terminam a sua pequena função...É difícil acreditar nisto, mas há tantas mulheres a referi-lo....

Interior das coxas

Uma zona do corpo onde a pele é particularmente sensível, mas que é muito esquecida! O interior das coxas, doce e morno, pode ser percorrido com pequenos beijos, que sobem, sobem, e levam a uma zona erógena bastante mais conhecida…

Inibição do desejo sexual

A ausência de libido ou de desejo pode ser de curta ou longa duração, tudo dependendo das razões que a motivem. Na maior parte dos casos desaparece por si. Em casos graves, se os sintomas se mantiverem durante muito tempo, o melhor é consultar um médico ou um sexólogo para fazer o ponto da situação: quanto mais cedo se tratar uma desordem deste género menos hipótese há de ficarem sequelas.

As razões

A inibição pode estar ligada ao consumo de medicamentos, como por exemplo tranquilizantes demasiado eficazes: quando se pára o tratamento, o desejo reaparece.

A perda do desejo também pode surgir em caso de depressão, mesmo que ligeira, ou na sequência de um acontecimento particularmente traumatizante, como uma ruptura sentimental dolorosa. Subitamente a vida torna-se baça, a vontade de fazer

O lado delas

O incesto é evidentemente punido pela lei, dado que implica muitas vezes crianças jovens e configura um abuso de autoridade: é muito difícil para uma criança recusar alguma coisa a um adulto da sua própria família.

O incesto é de difícil prova: as crianças que são vítimas não conhecem os seus direitos e muitas vezes têm medo de castigos, se falarem...

A reacção acontece a maior parte das vezes muito tarde, às vezes depois de anos de incestos repetidos. É uma decisão liberatória difícil de tomar: não é evidente para uma filha acusar o seu próprio pai, e muitas vezes a família faz tudo para deixar passar o incidente em silêncio.

As coisas mudam, felizmente, e a palavra das crianças é cada vez mais tida em conta pelos educadores e pela justiça: nas escolas, por exemplo, sessões de sensibilização permitem às crianças exprimir-se e evitam que elas caiam na cilada dos abusos sexuais de toda a espécie de que poderiam ser vítimas.

para relativizar a situação e demonstrar-lhe que, apesar de tudo, está com ele. E o milagre pode acontecer!

Uma falha de erecção pode ter inúmeras causas. O abuso do álcool e a tomada de alguns medicamentos estão entre as causas mais comuns, mas existem ainda os bloqueios de ordem psicológica: as raparigas também têm períodos em branco, períodos de quase frigidez! (Ver a este respeito "Não, querido, esta noite não!" e "Orgasmo (Ausência de)").

Longe de ser uma catástrofe, os pequenos fracassos do seu parceiro são afinal a prova que, contrariamente a uma ideia muito generalizada, também os rapazes fazem amor com a cabeça!

■ *Ver também* Impotência (no lado deles).

Incesto

O facto de se dormir com alguém da sua família próxima, para um homem, com a sua própria filha ou sobrinha…

Se isto vos acontecer – enfim, não a si mas ao seu amigo, – aqui está como reagir.

Em primeiro lugar, não pense: "É uma catástrofe, ele já não me deseja, eu não o excito, estava mesmo a ver, ele acha-me sem interesse..." e outras frases do mesmo género. Culpabilizar-se não serve absolutamente para nada, e na circunstância arrisca-se a criar entre os dois um mal-estar suplementar, porque ele vai questionar-se como interpretar a sua atitude.

Segunda situação a evitar: revirar os olhos com o ar de quem pensa "Mas que mal fiz eu para encontrar semelhante desajeitado?" Ele sente-se já muito mal, não vale a pena aumentar o problema. Com efeito, os rapazes sentem-se geralmente muito contentes com o seu pequeno brinquedo e reagem muito mal ao menor insucesso!

Qual é a solução? Esqueça para já o que estavam a fazer – é apenas uma questão de tempo – , diga-lhe com um grande sorriso que não é grave – e efectivamente não é grave –, abrace-o e acaricie-o

Implante contraceptivo

Pequena placa da grossura de um fósforo (4cm X 2mm) que se implanta no braço e espalha pelo organismo durante três anos um produto contraceptivo que bloqueia a ovulação.

Este contraceptivo de longa duração representa uma verdadeira libertação, mas a fórmula actual tem ainda alguns efeitos secundários indesejáveis, como acessos de acne e a desregulação do ciclo menstrual, que leva tempo a estabilizar.

Há ainda muito caminho a percorrer, mas esta nova fórmula de contracepção vai forçosamente ter muito sucesso: nunca mais as angústias do género " Mas onde é que eu pus a pílula?".

Impotência

É a impossibilidade temporária ou definitiva de ter uma erecção. Pode ter causas de ordem física (cansaço, acidente, tomada de um medicamento) ou psicológica (bloqueio). Mas existem soluções!

tem mais necessidade de regras, de estruturas, do que a geração anterior?

Dir-se-ia que sim... As estatísticas mostram que as netas das mulheres do Maio de 1968 são mais recatadas e "românticas" que as suas avós, que tiveram as suas primeiras aventuras em plena revolução sexual. A Sida também é responsável: como resultado, cada vez mais raparigas – e rapazes, também, claro – preferem esperar o casamento – valor em crescimento – para ter a sua primeira experiência sexual. Porque não? "Preservar-se" para o homem ou para a mulher da sua vida pode ser uma bela ideia romântica, mas nada fácil de manter... É uma questão de escolha pessoal: se for esta a sua opinião, enfrente os sarcasmos das suas amigas... Mas se achar isto ultrapassado ou careta, respeite também a sua escolha!

■ *Ver também* Perda da virgindade, Primeira vez.

Um conselho? Esperar até se sentir preparada, até encontrar alguém com quem tenha verdadeiramente desejo que isso aconteça. Se ele for um pouco mais velho e um pouco mais experiente, tanto melhor; se ele também for virgem, porque não? Pode acontecer que os dois tipos de timidez se anulem e está encontrado o caminho para as mais belas descobertas! Sobretudo não hesite em dizer ao seu parceiro que se trata da sua primeira vez: ele procurará ser mais atencioso e tentará que tudo se passe bem...

O hímen

No decurso das primeiras relações sexuais, o hímen (ver esta palavra) rompe-se, o que pode ocasionar dores e maiores ou menores hemorragias. Sobretudo não deve entrar em pânico: é absolutamente normal, apesar de poder ter um aspecto impressionante! Eis porque é importante prevenir o seu parceiro.

Esperar o casamento

Parece que estamos a assistir a um retorno aos valores morais dos anos cinquenta... A nova geração

Idade
(das primeiras relações sexuais)

Em Portugal, a média de idade para as primeiras relações sexuais, tanto para rapazes como para raparigas, é à volta dos 17 anos. É consideravelmente mais baixa do que há vinte anos atrás.

Como se trata de uma idade média, é inútil torturar-se se ainda for virgem aos 19, 20 ou mais anos.

Apesar da sua melhor amiga "se ter iniciado" não é necessário imitá-la nas semanas ou mesmo nos meses seguintes... Os homens são muitas vezes sensíveis a todos os tipos de competição. Em geral, as mulheres são mais sentimentais. Do homem, elas esperam mais na primeira vez do que um simples desfloramento e preferem ter um pouco de paciência até encontrar o rapaz "certo".

E não deixam de ter razão, porque a primeira vez é um momento muito importante que pode condicionar durante muito tempo o percurso sexual – sobretudo se correr mal.

I de

Idade (das primeiras relações sexuais) ▪ Implante contraceptivo ▪ Impotência ▪ Incesto ▪ Inibição do desejo sexual ▪ Interior das coxas ▪ IVG

guagem corrente, o termo "homossexualidade" tem tendência para se referir unicamente à homossexualidade masculina: relativamente às mulheres fala-se mais de lesbianismo ou de safismo.

Para mais Informações

■ *Ver* Homossexualidade (no lado deles)

■ *Ver* também Gay, *Gay pride*, Sair do armário, Lesbianismo

Heterossexualidade

É a atitude sexual de escolher os seus parceiros (sexuais) entre os representantes do outro sexo. A heterossexualidade opõe-se (embora nem sempre) à homossexualidade, que, como todos sabem, é uma atracção pelas pessoas do mesmo sexo.

■ *Ver também* Bissexualidade.

Hímen

Membrana muito fina que cobre uma parte da entrada da vagina até às primeiras relações sexuais. A sua presença antigamente era sinónimo de virgindade; é facilmente rasgada por um tampão higiénico ou por uma sessão de desporto um pouco violenta.

Homossexualidade

É a atitude sexual de escolher os seus parceiros entre os representantes do mesmo sexo. Na lin-

cutâneas fáceis de notar. Durante as crises, está obviamente fora de questão ter relações sexuais; fora delas, é necessário usar sempre preservativo.

Atenção: uma mulher contaminada pelo vírus do herpes genital arrisca-se a transmiti-lo ao seu bebé no decurso da gravidez.

Nenhum tratamento foi ainda capaz de eliminar o vírus, que pode assim reaparecer continuamente. Contudo, os tratamentos actuais permitem ver-se livre rapidamente das lesões cutâneas.

É indispensável a higiene mais rigorosa em caso de contacto com uma zona que apresente lesão: o herpes é muito contagioso e pode propagar-se a outras partes do corpo.

Outras DST
(doenças sexualmente transmissíveis)?

■ *Ver também* Blenorragia, Clamídia, Papiloma, Hepatite B, Piolhos genitais, Sida, Sífilis.

rante muito tempo...e que a pode incomodar muitas vezes, se se tornar crónica.

**Outras DST
(doenças sexualmente transmissíveis)?**

■ *Ver também* Blenorragia, Clamídia, Papiloma, Herpes, Piolhos genitais, Sida, Sífilis.

Herpes

O herpes manifesta-se sob a forma de pequenas bolhas – semelhantes às bolhas de febre que se criam na borda da boca – ou numa grande bolha, na vulva, perto do ânus, nas nádegas ou no cimo das coxas. Estes sintomas podem ser acompanhados de alguma febre.

O que é muito aborrecido com o herpes, seja genital ou não, é que uma vez que seja contaminada, é para toda a vida... O que significa que existe um risco de recaída permanente. Para além disso, o herpes é extremamente contagioso, mesmo fora dos períodos de crise, que se manifestam em lesões

O lado delas

Hepatite B

A hepatite B pode ser apanhada por transfusão sanguínea ou por via genital.

Os sintomas

Febre, urina muito escura, fezes claras. Também podem ocorrer náuseas frequentes e dores de barriga. Certas pessoas ficam com sinais semelhantes à icterícia – a tez e o branco dos olhos ficam amarelos –, mas isso não tem nada de sistemático.

O tratamento

A maior parte das vezes esta afecção é perfeitamente benigna e cura-se rapidamente, mas pode tornar-se crónica, com o risco de cancro ou de cirrose... É preciso também saber que formas fulgurantes da doença podem ser fatais em apenas alguns dias. Mas nada de pânico: existem vacinas eficazes que permitem ficar tranquila definitivamente. Mais vale aproveitar para se desembaraçar deste perigo de uma vez por todas: a hepatite B é de facto uma doença muito cansativa, que a deixa em baixo du-

H de

Hepatite B ▪ Herpes ▪ Heterossexualidade ▪ Hímen ▪ Homossexualidade

Um ventre rechonchudo não permite as posições mais acrobáticas: escolham assim posições onde estejam os dois de lado ou um por trás do outro.

Sim, mas...

Nos últimos meses da gravidez, a maioria das mulheres não está realmente muito para aí virada: elas têm outra coisa em que pensar! E é preciso evitar ter relações sexuais no caso de contracções precoces. O esperma contém uma substância hormonal que pode provocar novas contracções.

contra-os de todos os tamanhos, formas e cores. A maior parte são extraordinariamente realistas, tanto em termos de cor e aspecto como ao toque. Alguns foram mesmo modelados sobre o sexo em erecção de uma estrela pornográfica: olá, fantasias!

Mas afinal, porque não arranjar um parceiro destes, sempre em forma? Ele trará certamente alguma pimenta à sua relação!

Outros acessórios?

■ *Ver também* Bolas de geisha, Escova de dentes eléctrica, *Cock ring*, Molas de roupa, Espanador, Rolo da massa, Toalha quente, Vibrador.

Grávida (Com uma mulher)?

Sim, sim!

Muitos homens não se atrevem a fazer amor com a sua mulher grávida, apesar de não haver qualquer perigo para o bebé nascituro.

saber que se mantém muito sensível mesmo depois da ejaculação: as carícias intempestivas podem ser dolorosas, portanto carinho acima de tudo!

Não é necessário ser uma excelente observadora para reparar que a glande é mais larga e mais espessa do que a parte restante da verga. Isto é assim muito simplesmente para "bloquear" a entrada da vagina depois da ejaculação, proporcionando assim aos espermatozóides que foram libertados todas as hipóteses... A natureza pensa verdadeiramente em tudo! E pensa, aparentemente, que se faz amor apenas para procriar...o que nem sempre é o caso! Fique a saber igualmente que a glande desempenha também de certo modo o papel de *airbag*: absorve os efeitos de choque provocados pelo vaivém dà verga na vagina, evitando assim que o colo do útero seja danificado...

Godemiché

Trata-se de um falo artificial, utilizado para as penetrações vaginais ou anais. Nas sex-shops en-

dental cor-de-rosa ou uma lésbica com o físico de um segurança de discoteca... Estas caricaturas estão fora do tempo: não vale a pena piorar ainda mais as coisas!

Mas felizmente as mentalidades mudam e a sociedade agita-se, lenta mas seguramente...

Glande

A glande é a parte arredondada que se encontra na extremidade da verga. Está protegida por uma pele, o prepúcio, excepto nos rapazes que foram circuncidados: neste caso, a pele foi cortada na infância muito cedo, por razões religiosas ou puramente médicas.

No momento da erecção, o prepúcio escorrega para a base da glande, descobrindo-a completamente: esta é exactamente a imagem – e não é certamente por acaso! – de uma glande "tradicional", o fruto da azinheira, emergindo lisa e redonda da sua cúpula! A glande é uma zona extremamente sensível, porque abunda em terminações nervosas. E fique a

Portugal as coisas têm evoluído mais lentamente, mas podem destacar-se como eventos públicos relevantes o Arraial Pride, a Marcha do Orgulho LGBT e o Festival de Cinema Gay e Lésbico.

As leis mudaram, a homossexualidade já não é nem um delito (!), nem uma doença mental (!!); as associações – e o *Gay pride* – fizeram avançar as coisas.

Hoje em dia, a era das reivindicações já passou, mas não certamente a da festa!

O *Gay pride* e os *media*

Todos os anos, a televisão e os jornais referem o *Gay pride*, mas privilegiam quase sistematicamente as imagens sensacionalistas. Em vez de mostrar centenas de milhares de raparigas e de rapazes a desfilar atrás de carros de Carnaval ou de bandeiras, em vez de entrevistar responsáveis pelo desfile sobre as razões da manifestação (reconhecimento dos direitos dos pais homossexuais, reconhecimento jurídico dos casais homossexuais, etc.), os repórteres preferem mostrar um rapaz com um fio

forma que foi preciso enviar um comando especial de polícias como reforços.

Para os homossexuais de Nova Iorque e do mundo inteiro, a partida estava ganha: aquela resposta significava que eles achavam que o tempo da opressão e da clandestinidade havia passado, que tinham decidido sair para a luz do dia.

Desde então, cada vez mais homossexuais participam nas manifestações do *Gay pride*, desfiles coloridos, ruidosos e provocantes. Música alta, roupas delirantes, maquilhagens ousadas: estes desfiles chocam ainda com certeza os mais conservadores, mas têm o mérito de fazer com que a sociedade tome consciência da existência de toda uma parte da população que ela insistia em ignorar ou que preferia relegar para a clandestinidade.

Em França, as primeiras manifestações contavam apenas com algumas dezenas de homossexuais corajosos; hoje em dia, em Paris e muitas outras cidades, o desfile do *Gay pride* junta dezenas ou centenas de milhares de homens e mulheres. Em

Gay pride

Gay pride significa "orgulho homossexual"; o dia do *Gay pride* é para os homossexuais uma jornada de reivindicação e de afirmação da sua identidade.

Um certo 28 de Junho

O desfile do *Gay pride* tem sempre lugar por volta dos fins de Junho. Porquê? Para assegurar que está bom tempo (o que há de mais triste que uma manifestação à chuva?), mas sobretudo para celebrar o primeiro acto de rebelião dos homossexuais contra a opressão sistemática de que eram vítimas.

Tudo começou na América, mais precisamente em Nova Iorque. Durante anos, a polícia entretinha-se a fazer rusgas nos bares *gays* e com intimidações contra as quais ninguém ousava insurgir-se, com medo de ser apontado na rua.

Tudo mudou no dia 28 de Junho de 1969: aquando de uma rusga da polícia num bar, os homossexuais resistiram usando garrafas e caixotes do lixo, de tal

Outras posições?

■ *Ver* A cavalo, Sentados, Elevador, Colheres, *Fellatio*, Kama Sutra, Liana, Masturbação a dois, Missionário, Missionário invertido, Armadilha da serpente, Sessenta e nove.

Gay

Termo usado originalmente pelos homossexuais americanos para se definirem a si próprios. Significa em inglês "alegre", "feliz", e opõe-se a *straight*, que quer dizer "normal", "sério", "heterossexual", ou mesmo "atrofiado"...

Na linguagem corrente, a palavra *gay* define normalmente os homossexuais homens, enquanto que as mulheres preferem o termo "lésbicas".

Também se fala em vida *gay*, lugares *gay*, cultura *gay*... O termo já entrou no dicionário, sinal de que as mentalidades mudam!

■ *Ver também* Sair do armário, *Gay pride*, Homossexualidade, Lesbianismo.

Galga

O termo galga (fêmea do galgo) é explícito: nesta posição faz-se amor à semelhança dos cães, como por vezes vemos na rua!

Dito desta maneira não é muito poético, mas é na realidade muito agradável...

Você coloca-se de gatas diante dele, que se ajoelha por trás de si para a penetrar. Esta posição é um grande clássico e permite uma penetração muito profunda.

Um pouco de picante

Uma variante da posição permite alcançar o orgasmo graças ao estímulo do célebre ponto G. Desta vez é a si que compete o comando!

O seu parceiro está deitado de costas; ponha-se de cócoras sobre ele virada para os seus pés. Coloque as suas mãos sobre a cama e recue a bacia para receber o sexo dele. Nada o impede de a orientar pressionando as suas coxas entre as mãos.

G de

Galga ▪ *Gay* ▪ *Gay pride* ▪
Glande ▪ Godemiché ▪
Grávida (com uma mulher)?

depressa que é frígida. Pode ser talvez uma quebra de desejo temporária, ligada ao stress, ao cansaço ou à tomada de medicamentos especialmente activos.

Se os sintomas se mantiverem, o melhor é falar disso com o seu parceiro, para que ele tenha conhecimento da situação. Se ele for um rapaz amoroso e atencioso (é com certeza o caso) ele tentará restabelecer-lhe o desejo com paciência, carinho e massagens: os conselhos de um terapeuta raramente são necessários, a paciência e o carinho acabam na maior parte das vezes por fazer desaparecer todas as apreensões. O sétimo céu espera-a!

as mulheres não têm o direito de exprimir um desejo sexual, sob pena de passarem por "porcas"... Para evitarem ser mal interpretadas, elas preferem barricar-se – eliminando o prazer. Este tipo de reacção não é muito corrente hoje em dia, mas ainda se encontra.

Pode também tratar-se de um medo ligado à infância, nomeadamente a violências sofridas durante esse período-chave da vida. É natural que a própria ideia de se poder ter algum prazer de ordem sexual seja completamente impossível para antigas vítimas de incesto ou de violação.

Ou ainda a primeira relação sexual pode não ter corrido muito bem, o que instalou no inconsciente a ideia que fazer amor representa dor ou mal-estar. Para não passar por "atrofiada" ou "não emancipada", ou para não afastar um rapaz que a atrai, uma rapariga que passou por esse tipo de má experiência pode muito bem aceitar fazer amor, mas sem tirar nenhum prazer disso.

Se não tiver vontade de fazer amor nesse momento, se não obtiver prazer, não conclua demasiado

exemplo, apesar da sua fama, os franceses são os últimos!

França: 99 relações por ano.
Inglaterra: 133.
EUA: 128.
Alemanha: 116.
Canadá: 113.

Mas os números valem o que valem...

Frigidez

A origem latina desta palavra (*frigidus* = frio) é clara: a frigidez, para uma mulher, consiste em permanecer fria como o mármore durante as relações sexuais – ou dito de outra maneira, em não ter qualquer prazer.

Porquê?

A frigidez pode existir por diversas razões. Pode haver razões puramente culturais, com origem na infância e na ideia – em vias de extinção! – de que

O lado delas

Você não é uma estrela de filmes pornográficos

É normal que se sinta reticente relativamente a certas práticas correntes dos filmes pornográficos, tal como o lesbianismo ou o *fellatio*... Mesmo que o seu parceiro tenha ficado visivelmente excitado com uma cena vista recentemente, explique-lhe que não tem nenhum desejo de a transpor para a sua própria vida sexual.

Freio

A dobra da pele situada no limite entre a verga e a base da glande, no meio da verga.

■ *Ver também* Órgãos genitais do homem.

Frequência das relações sexuais

Os portugueses serão dos melhores amantes do mundo... Talvez sejam no caso de se falar da qualidade das relações e não da sua quantidade... Por

negro, os sapatos de salto alto, o látex e as cuequinhas.

Outras fantasias?

■ *Ver também* A vários, *Bondage*, Exibicionismo, Lingerie, Sadomasoquismo, Sodomia, Voyeurismo.

Filmes pornográficos

Para muitos rapazes e raparigas, a aprendizagem da sexualidade passa pelo visionamento de filmes pornográficos.

É verdade que lá se podem aprender coisas muito mais precisas – e mais ilustradas – do que nas aulas de educação sexual!

Mas é preciso ter o cuidado de relativizar bem o que se lá vê: actrizes exímias – é a profissão delas – actores muito bem desenvolvidos e sempre prontos – também é a profissão deles.

Fetichismo

Para atingirem a excitação sexual, certas pessoas necessitam de um estimulante imaginário, um pequeno devaneio ou uma fantasia específica. Para outras, esse estimulante é um suporte material, um objecto particular (em geral um sapato, um slip ou umas cuecas) ou um material sentido como particularmente sensual e excitante, como o veludo, a seda, o couro ou o látex.

Porquê?

A origem destas preferências encontra-se muitas vezes na infância: uma emoção de ordem sensual e erótica coincidiu um dia com a visão de um objecto concreto, e desde essa época o objecto e o prazer sexual ficaram ligados de forma indissolúvel.

Por alguma razão misteriosa, o fetichismo parece sensibilizar a maioria dos homens. Ou será simplesmente porque os homens falam mais das suas fantasias do que as mulheres?

As fantasias dos homens em matéria de fetichismo são mais ou menos sempre as mesmas: o couro

Outras posições?

■ *Ver também* A cavalo, Sentados, Elevador, Colheres, *Cunnilingus*, Kama Sutra, Galga, Liana, Masturbação a dois, Missionário, Missionário invertido, Armadilha da serpente, Sessenta e nove.

Feromonas

As feromonas são substâncias segregadas pelo corpo – nomeadamente pelas axilas – que estimulam o desejo sexual da pessoa que as inala. Tudo isto se passa inconscientemente, mas é certo que as feromonas têm um papel na atracção misteriosa que leva a juntar duas pessoas.

Cuidado para não pôr um perfume ou um desodorizante muito fortes, que podem obstruir estas emanações delicadas...

As feromonas têm um raio de acção relativamente curto, da ordem das dezenas de centímetros no máximo. Aproxime-se, portanto!

nar-lhe o mais fabuloso *cunnilingus* (indique-lhe a página respectiva...)

Outra coisa: durante o *fellatio*, ele poderá segurar a sua cabeça com as mãos. Um velho reflexo de dominação ou apenas uma atitude tirada de um filme. Se tiver medo que ele enterre demasiado o sexo na sua boca, liberte-se docemente, retire as mãos dele e faça-lhe entender que está a ir demasiado depressa, demasiado longe.

E não se esqueça de respirar pelo nariz, é uma precaução a tomar. Eficaz para não sufocar logo ao fim de alguns vaivéns: se após vinte segundos se sentir ofegante e à beira da asfixia, que prazer pode retirar desta operação?

Último ponto: se tiver realmente medo de sufocar, coloque o sexo dele num dos lados da boca e não ao meio.

Em todo o caso, lembre-se que a saliva é um lubrificante extraordinário e que quanto mais o sexo estiver lubrificado, mais o *fellatio* é agradável.

Se for ele a comandar as operações – está sem dúvida de pé – e se der pequenos golpes de rins para fazer entrar e sair o seu sexo na sua boca, mantenha a sua mão em redor da base do sexo dele, sobretudo se tiver medo de sufocar... Deste modo, pode controlar exactamente que comprimento da verga entra na sua boca. Tenha cuidado se tentar engolir o sexo dele até à púbis: é uma velha fantasia proveniente dos filmes pornográficos, que pode fazê-la correr o risco de passar por uma profissional... Além disso tenha presente que a parte mais sensível da verga se localiza na glande; o resto é um bónus, portanto não vale a pena exagerar!

Um pequeno truque: olhe-o durante o *fellatio*. Qualquer que seja a posição que adoptar, ajoelhada ou deitada ao lado dele, é praticamente certo que ficará deleitado com o espectáculo de vê-la ocupar-se do seu sexo. Então não hesite em lhe retribuir o olhar, é muitíssimo excitante para os dois parceiros. Isto estimula sem dúvida uma pequena fantasia de dominação, mas, também, porque não? Faz parte do jogo. E pode "desforrar-se" ao vê-lo proporcio-

sido feitos todo os testes, enquanto não se conhecerem verdadeiramente, o *fellatio* pode ser uma prática de risco por causa de pequenas feridas que possam existir sem que se saiba, na boca ou nas gengivas, por exemplo. Portanto: prudência, como sempre. E fique a saber que existem preservativos especialmente concebidos para o *fellatio*. São de todas as cores e sobretudo perfumados – com baunilha, morango... – porque o gosto do látex não é lá muito bom!

De seguida, podem acontecer duas situações: ou ele se entrega completamente nas suas mãos ou ele próprio faz o vaivém na sua boca.

No primeiro caso, quer estejam os dois em pé ou deitados, compete-lhe avançar e afastar a cabeça, mantendo uma pressão ligeira dos lábios em redor da verga. Mantenha uma mão à volta do sexo dele: é uma forma de controlar a profundidade com que o recebe na boca. Dando lambidelas em torno da glande, deslize a sua mão ao longo do sexo, dando-lhe voltas. A regularidade do movimento é importante.

homens o fizessem durante muito mais tempo; elas desconfiam até que, por vezes, eles o cumprem um pouco por obrigação e "despacham" como uma maçada, tal como se se tratasse de um simples preliminar antes de passar às coisas sérias.

Mas voltemos ao *fellatio*.

Passo a passo

É óbvio que se a simples ideia de praticar *fellatio* a enjoa, é inútil insistir; diga isso ao seu parceiro de forma clara e definitiva. Para as outras, aqui está uma espécie de caminho a percorrer.

Os dois passaram pelo duche juntos ou separados; já estão na cama. Não se precipite imediatamente sobre o seu sexo! Desça lentamente ao longo do seu torso, dando pequenos beijos; aproxime-se do seu sexo, descubra a glande, dê pequenos beijos ao longo de toda a verga.

O *fellatio* implica o contacto entre duas mucosas: a sua boca e a glande dele. O uso de um preservativo é evidentemente necessário. Enquanto não tiverem

O lado delas

Fellatio

O *fellatio* corresponde um pouco ao *cunnilingus* dos homens. Também é a sua carícia preferida, porque a língua é mais quente, mais sensual, do que as mãos. O *fellatio* praticado ao ar livre ou num automóvel faz parte das fantasias masculinas mais frequentes.

O senão é que nem sempre as mulheres são cooperantes. E compreende-se: para muitas mulheres, o *fellatio* é uma prática típica dos filmes pornográficos, em que apenas o homem frui do prazer. Há também a imagem pouco favorável da mulher ajoelhada em frente ao homem, ocupada a chupá-lo... E a ideia de aceitar o esperma na boca ou no rosto no momento da ejaculação torna-se repugnante para muitas, do mesmo modo que... o medo de sufocar.

Em suma: o que dá prazer aos homens não é forçosamente muito apreciado pelas mulheres. Um verdadeiro drama da sexualidade! Repare que se passa mais ou menos a mesma coisa com o *cunnilingus*: a maioria das mulheres gostaria que os

Resultado

O resultado não é muito famoso: sexualmente, a rapariga continua insatisfeita enquanto que o rapaz julga que é um amante atencioso e vigoroso que consegue levar a companheira ao sétimo céu em dois tempos e três movimentos...

Simular acarreta apenas geralmente frustração e incompreensão: se houver algum problema (de ritmo, de duração das relações, etc.) mais vale falar dele, não acha?

Os homens também

Pois sim, também acontece os homens fingirem que têm prazer! É mais difícil, porque o orgasmo dos homens é acompanhado de uma ejaculação, e não é fácil simulá-la.

Mas parece que alguns homens pretensiosos simulam o primeiro orgasmo, retomam imediatamente a função e tentam fazer crer à companheira que a primeira verdadeira ejaculação é de facto a segunda... Verdadeiramente pueril... E sobretudo cai no ridículo se a jovem se aperceber...

O lado delas

Simular um orgasmo é bem mais fácil para uma mulher do que para um homem: basta inspirar-se nos desempenhos das actrizes dos filmes pornográficos para adquirir rapidamente um bom repertório de pequenos gemidos e de sons abafados com óptimo efeito... e muito convincentes.

Porquê simular?

Por causa dos homens... Uma mulher simula um orgasmo para a deixarem em paz. Bem se repete aos rapazes que a sexualidade deles é muitas vezes um pouco rápida e expedita, não sendo apreciada pelas mulheres que precisam de mais tempo do que eles para "se motivar" e para atingir o orgasmo. Os mais conscienciosos tentam cumprir o seu dever a todo o custo, e não abandonam o campo de batalha até ao momento do orgasmo da sua parceira. Se ela já estiver cansada e preferir dormir sossegada, só tem uma solução: simular o orgasmo.

Uma mulher pode também querer esconder o facto de não ter prazer ou não querer desiludir o rapaz que não consegue dar-lhe prazer.

Deve-se falar disso?

Sim, claro, mas com prudência... Se falar ao seu parceiro das suas fantasias mais frequentes e ele estiver de acordo em jogar esse jogo, tudo bem. Mas imagine que ele não está de acordo! Corre o risco de passar por uma ninfomaníaca perversa e sobretudo ele pode achar que nunca conseguirá satisfazê-la verdadeiramente...

O ideal será evidentemente que os dois partilhem as mesmas ideias: venham então os espartilhos, o couro, o látex ou as roupas extravagantes!

■ *Ver também* A vários, *Bondage*, Exibicionismo, Fetichismo, Lingerie, Sadomasoquismo, Sodomia, Voyeurismo.

Fazer de conta

De vez em quando, as mulheres simulam um orgasmo... "Não comigo, pelo menos", acreditam os rapazes. E no entanto...

Fantasias

As fantasias... Podem ir da mais simples à mais complicada, da mais inocente à mais perversa, da mais fácil de realizar à mais delirante... Quer exemplos? Encontrar um belo jovem romântico numa clareira ensolarada ou ser fechada num velho castelo por cinco garanhões peludos!

A saber

O cérebro elabora muitas vezes fantasias extremamente precisas. Podem retomar a atmosfera de um filme ou de um livro que marcou a imaginação ou ser uma forma de compensar através de um sonho uma falta de interesse na vida real.

O rigor dos argumentos torna na maioria das vezes difícil ou mesmo impossível a transposição de uma fantasia para a realidade. E tanto melhor assim, quando as fantasias contêm uma parte de violência que se poderia tornar perigosa na vida real...

F de

Fantasias ▪ Fazer de conta ▪ *Fellatio* ▪ Feromonas ▪ Fetichismo ▪ Filmes pornográficos ▪ Freio ▪ Frequência das relações sexuais ▪ Frigidez

os homens? Ou apenas mais reprimidas?! Parece que certas mulheres se passeiam nuas sob o casaco – que entreabrem no comboio, por exemplo –, ou não usam ostensivamente cuequinhas debaixo da saia, mas aparentemente são sobretudo os homens que têm necessidade de ser sossegados pelo olhar dos(as) desconhecidos(as) sobre a importância do seu pequeno brinquedo...

O exibicionismo tem como complemento ideal o voyeurismo (ver esta palavra).

Outras fantasias?

■ *Ver também* A vários, *Bondage*, Fetichismo, Lingerie, Sadomasoquismo, Sodomia.

motor da excitação: o medo de ser apanhado age como um excitante poderoso.

O exibicionista joga muito com a falsa ingenuidade: dá-se em espectáculo, mas quer fazer crer que não sabe que é observado. Andará assim todo nu por trás de cortinas fechadas, enquanto que do exterior se vê tudo em sombras chinesas! Ou então fará de conta que não sabe que as janelas da casa de banho não são completamente foscas, ou que as lamelas dos estores filtram muito pouco os olhares... Pequenos jogos relativamente inocentes, nos quais se pode sempre dizer que "não se sabia". Por outro lado, o exibicionismo torna-se repreensível quando deixa de ser um simples picante numa relação para se tornar claramente obsessivo. É o caso clássico do homem da gabardina, que a entreabre para mostrar o sexo às pessoas que passam – e de preferência às mulheres.

A lei prevê sanções bastante pesadas para os exibicionistas apanhados em flagrante. Nota: o exibicionismo tem na sua larguíssima maioria a ver com os homens. Serão as mulheres mais "razoáveis" do que

Para mais, a excisão é muitas vezes praticada em condições de higiene claramente precárias, pelo que as infecções e complicações são frequentes...

Excisão e circuncisão (ver esta palavra) são dois termos com a mesma raiz, que significa "cortar", contudo este é o único ponto comum às duas práticas.

Exibicionismo

O exibicionista é o parceiro ideal do voyeur: se um gosta de olhar, o outro tem prazer em mostrar-se. Mostrar-se sob condições um pouco especiais, bem entendido: nu(a) ou vestido(a) com roupas particularmente sugestivas, sozinho ou em casal, e de preferência enquanto faz amor...

Os exibicionistas exercem a maioria das vezes os seus talentos em locais semidesertos – bosques, parques de estacionamento –, onde normalmente não correm riscos de serem surpreendidos, mas... essa eventualidade pode ser precisamente um

nham o lado confortável e terno das vossas relações, colocando-se os dois de lado, frente a frente, e intercalando as pernas (meta a sua perna do lado debaixo entre as dele). Ele agarra as suas nádegas, abraçando-a com ímpeto...

Excisão

Ainda praticada em certos países que seguem assim uma tradição muito antiga, esta operação consiste em cortar o clítoris, o que impede evidentemente a jovem ou a mulher de sentir qualquer prazer com essa parte do corpo.

Nalguns países africanos, a excisão é um rito de passagem obrigatório para que uma rapariga possa ser aceite como mulher pelo conjunto da comunidade.

Muitas associações que militam pelos direitos das mulheres lutam pela abolição desta prática, que tem tudo de uma mutilação, mas o peso da tradição continua a ser muito forte.

Deveriam saber que isso não depende em nada deles, não tendo portanto razões nem para se alarmar nem para se regozijar. As doses não têm nada a ver com a qualidade das relações sexuais nem da fertilidade do esperma.

Quem são os responsáveis por estas crenças tão difundidas? Sem dúvida os filmes pornográficos, onde vêem os actores produzir quantidades de esperma inverosímeis. Mas um filme pornográfico é um filme, não um documentário: é fácil no momento da montagem colar pequenos pedaços das diversas sequências de ejaculação!

Esquentamento

Designação popular da blenorragia (ver esta palavra). Sinónimo: espermatorreia.

Estérilet

O estérilet seca um pouco o interior da vagina, o que pode revelar-se muito desagradável. Mante-

Para falar francamente, este líquido esbranquiçado provoca-lhes mesmo alguma rejeição. Sossegue, os homens por vezes também a partilham. As razões destas reticências não são evidentes. É talvez muito simplesmente porque o esperma, tal como o sangue, é um líquido vital misterioso, proveniente do corpo, uma emanação do interior do outro, das suas profundezas.

Segundo uma crença muito antiga, evidentemente errada, o homem só dispõe em toda a sua vida de determinada reserva de esperma, que não lhe convém delapidar sem cautela, antes de ter concebido filhos... Daqui decorrem alguns tabus que tornam difícil a vida da masturbação.

O volume do esperma expulso pelo pénis no momento da ejaculação, assim como a sua consistência e odor, é muito variável. Depende da idade do homem, da frequência das relações, da sua forma física geral, etc. Alguns homens consideram – sem o dizer – que as suas emissões de esperma são muito pouco abundantes. Outros, pelo contrário, vangloriam-se por produzir grandes quantidades.

O lado delas

Outros acessórios?

■ *Ver também* Bolas de geisha, Escova de dentes eléctrica, *Cock ring*, Godemiché, Molas da roupa, Rolo da massa, Toalha quente, Vibrador.

Esperma

O esperma é o líquido esbranquiçado, espesso, que o pénis expele no momento da ejaculação. Este contém os espermatozóides que apenas têm uma única ideia na sua grande cabecinha: nadar o mais depressa possível em direcção a um óvulo e dar vida a um novo pequeno ser humano. Só um conseguirá esse feito, todos os outros se esforçaram tanto para nada e apenas poderão assistir com grande agitação à felicidade do seu companheiro... O seu percurso está evidentemente semeado de escolhos, entre os quais toda a bateria de meios contraceptivos.

As mulheres mantêm muitas vezes uma relação bastante ambígua com o esperma do seu parceiro.

Outros acessórios?

▪ *Ver também* Bolas de geisha, *Cock ring*, Godemiché, Molas de roupa, Espanador, Rolo da massa, Toalha quente, Vibrador.

Escroto

O escroto – designação médica das "bolas" – é um saco de pele situado na base do sexo do homem, que guarda os testículos.

Espanador

Já pensou no espanador? Sim, sim, o simples espanador, que serve normalmente para limpar o pó. Ele pode transformar-se num parceiro erótico inesperado e muito divertido: no pescoço, debaixo dos braços, nos seios, entre as coxas... Se algum dos dois parceiros tiver cócegas, pode ser a oportunidade para uma sessão de suave tortura ou de gargalhadas... no meio de uma sessão amorosa.

Ver também Axilas, Ânus, Boca, Cabelos, Costas, Pescoço, Interior das coxas, Umbigo, Orelhas, Períneo, Ponto G, Testículos, Mamilos.

Escova de dentes eléctrica

Uma prima *soft* do vibrador. Pode passear-se facilmente por toda a superfície do corpo, e a passagem dos seus pequenos pelos rígidos provoca vibrações concêntricas que espalham por todo o corpo ondas de prazer.

Passeie este pequeno objecto pelo pescoço, pelas axilas, pela planta dos pés, pelos mamilos, pelo umbigo...e até pelo ânus e pelo períneo. Em resumo, por todas as zonas do corpo – e são numerosas – que pedem cócegas, carícias ou algum tipo de titilação.

Claro que esta escova de dentes deve ser reservada em exclusivo para os seus jogos eróticos: não a arrume ao pé das suas escovas de dentes habituais! Não se esqueça igualmente de a limpar cuidadosamente depois de cada utilização.

Ah?

Também se pode falar de erecção relativamente a outras regiões do corpo, menos espectacular que a da verga, contudo. É o caso dos mamilos e do clítoris, que enrijecem e se endireitam quando são acariciados.

■ *Ver também* Órgãos genitais do homem e, do lado deles, Erecção matinal, Impotência.

Erógenas (zonas)

É um adjectivo derivado do nome de Eros, deus grego protector do amor físico, e significa "que suscita o desejo".

O corpo está semeado de zonas cuja pele é muito fina e delicada, e portanto particularmente sensíveis às carícias. Entre estas zonas estão o sexo e os seios, claro, mas também muitas outras partes do corpo capazes, quando são acariciadas ou estimuladas, de desencadear ondas de desejo e de prazer. Veja por si mesma!

Quando?

Contrariamente ao que julgam muitas jovens, uma erecção nunca surge sem razão. É sempre desencadeada por um elemento exterior excitante: uma cena "quente", fotos sugestivas, um corpo bonito despido na praia ou apenas uma pequena fantasia que atravessa o cérebro a toda a velocidade...

O segredo dos calções

A excitação da verga face a estes pequenos estímulos visuais ou mentais está evidentemente ligada à idade do rapaz. Tem o seu auge durante a adolescência, estabilizando de seguida, conforme o temperamento de cada um.

Esta hiperactividade dos jovens estará na origem da moda dos calções de banho muito largos e compridos, que permitem disfarçar discretamente nas pregas do tecido, mesmo molhado, um início de erecção...

bilidade de a largar num sofá, numa mesa ou nas costas de um cadeirão, se os braços dele claudicarem... Nunca se sabe. Mas se conseguir manter esta posição durante algum tempo, vai usufruir de sensações fantásticas!

Outras posições?

■ *Ver também* A cavalo, Sentados, Colheres, *Cunnilingus*, *Fellatio*, Kama Sutra, Galga, Liana, Masturbação a dois, Missionário, Missionário invertido, Armadilha da serpente, Sessenta e nove.

Erecção

O corpo do pénis é constituído por tecidos esponjosos, capazes de reter o sangue cujo afluxo se verifica no momento de uma excitação sexual. Os tecidos esponjosos enchem-se de sangue, a verga endireita-se, tornando-se rígida, dura e inchada: eis a erecção.

fácil, as erecções cada vez mais longas. Que noites maravilhosas vão passar!

Elevador

O seu parceiro é do género atlético, face à sua fragilidade? Tentem tomar juntos este elevador, a vista de cima é interessante!

O homem está de pé; coloque-se de frente para ele, passe os braços à volta do seu pescoço e enrole as pernas à volta da sua cintura. Alguns movimentos com a bacia facilitam a penetração. O seu parceiro, com as pernas um pouco arqueadas, suporta-a bem entravada no seu sexo e segura-a com os braços: é por isso que é necessário que ele tenha os braços fortes. Caso contrário, arrisca-se a que ele a "largue" muito depressa, a fim de recuperar o fôlego e descansar os braços em esforço.

Precauções

Tem uma confiança total nos bíceps dele? Verifique na mesma pelo canto do olho que ele tem possi-

coce pode ser originada pelo stress, por uma excitação demasiado intensa ou mesmo pelo medo de não "ter êxito".

Trata-se na grande maioria dos casos de pequenos bloqueios psicológicos sem consequências que acabam por desaparecer sem intervenção.

É uma situação muito vulgar, mas como ninguém fala disso cada pessoa tem a sensação de ser o primeiro caso. Em vez de continuar a pensar neste pequeno insucesso que não dá satisfação a ninguém, é preferível empreender a busca de soluções.

Pode muito bem ajudar o seu parceiro a "progredir", implementando com ele um sistema que lhe permita gerir melhor a excitação. Por exemplo sugira-lhe que ordene a sua excitação segundo uma escala de 1 a 5 (sendo 5 o ponto de não-retorno depois do qual a ejaculação terá forçosamente lugar). Quando o seu parceiro alcançar o nível 4 ajude-o a suspendê-la e a descer até ao nível 3 antes de recomeçar a subir de nível. Pouco a pouco as suspensões serão de maior duração, o controlo mais

Ejaculação

No momento do orgasmo, são expelidos pela verga alguns centilitros de esperma em projecções violentas e rápidas (a 30km/hora!).

As mulheres também

A ejaculação feminina também existe. É relativamente rara e acontece no seguimento de um orgasmo especialmente intenso. Manifesta-se por uma secreção das glândulas vaginais, líquida e transparente – que evidentemente não contém nenhum espermatozóide!

Ejaculação precoce

A ejaculação precoce é uma ejaculação incontrolada, demasiado rápida, que pode mesmo acontecer a partir das primeiras carícias...

Nada de pânico!

Trata-se de um fenómeno muito frequente, ainda que poucas pessoas falem dele. A ejaculação pre-

E de

Ejaculação ▪ Ejaculação precoce ▪
Elevador ▪ Erecção ▪
Erógenas (Zonas) ▪
Escova de dentes eléctrica ▪
Escroto ▪ Espanador ▪ Esperma ▪
Esquentamento ▪ Estérilet ▪
Excisão ▪ Exibicionismo

Preventivo

O preservativo é a melhor protecção que existe contra todas as espécies de doenças sexualmente transmissíveis, das mais inofensivas às outras...

■ *Ver também* Blenorragia, Clamídia, Papiloma, Herpes, Hepatite B, Piolhos genitais, Verrugas genitais, Sida, Sífilis.

DST

Sigla de "Doenças Sexualmente Transmissíveis".

■ *Ver também* Blenorragia, Clamídia, Doenças sexualmente transmissíveis, Papiloma, Herpes, Verrugas genitais, Sida, Sífilis.

E é sem dúvida mais fácil, tanto para médicos como para doentes, falar em DST, dado que esta sigla neutra evita ter de se pronunciar a palavra "doença".

Uma doença sexualmente transmissível, como o nome indica, apanha-se fazendo amor com um parceiro infectado. Certas doenças destas são perfeitamente benignas, outras são mais sérias – mas com nenhuma se vive facilmente.

Prevenir o outro

As afecções venéreas, por definição, apanham-se a dois... Se se aperceber que está infectada por uma delas, não hesite em comunicar isso ao seu parceiro. É preciso saber que certas doenças, se forem mal tratadas ou tratadas tarde de mais, podem ter consequências muito aborrecidas, que podem implicar a impotência ou a esterilidade... Portanto engula o seu orgulho e infortúnio, não tenha medo de fazer ondas, provoque mesmo uma cena conjugal se for preciso, mas não hesite em falar disso – mesmo que provavelmente tenha apanhado a doença com um parceiro... de ocasião.

Mudanças à vista

O investimento destas pessoas em reconstruir a sua filiação, em encontrar custe o que custar vestígios da mãe, acabou por chamar a atenção do Estado, o qual deixa actualmente nos dossiers uma pequena pista para eventuais buscas. Porque também bastantes mães, anos depois, ficariam felizes em ver o filho que elas trouxeram no ventre durante nove meses…

Doenças sexualmente transmissíveis

Hoje em dia fala-se em "doenças sexualmente transmissíveis" (DST) e já não em "doenças venéreas".

No entanto, o adjectivo "venéreo" significa simplesmente "relativo a Vénus", que é, como todos sabem, a deusa do amor e dos prazeres amorosos. Bastante poético, não é? Mas a palavra ganhou uma conotação negativa, o que explica a mudança de expressões.

O lado delas

Dar à luz clandestinamente

Dar à luz clandestinamente é dar à luz no anonimato. Logo que a criança nasce, fica a cargo dos serviços sociais; mais tarde será colocada numa família de acolhimento ou adoptada. A criança e a sua mãe biológica nunca mais se encontrarão.

A decisão de dar à luz clandestinamente é muito difícil. As jovens que decidem fazer isso pensam que o seu filho será certamente mais feliz numa família de acolhimento ou de adopção, que tem um enorme desejo de ter filhos, do que com ela, que não dispõe de meios materiais nem de energia psicológica para o educar correctamente.

As modalidades de parto clandestino tendem a diminuir porque cada vez mais as pessoas nascidas clandestinamente consagram parte de seu tempo à procura da sua mãe biológica. Ao fim de anos de investigação, apenas conseguem um dossier médico, algumas linhas escritas pela sua mãe e assinadas muitas vezes apenas com o nome próprio...

D de

- Dar à luz clandestinamente
- Doenças sexualmente transmissíveis
- DST

tempo de se desenvolver, e às inibições o tempo de desaparecerem...Vinte minutos seria bom, pensam as mulheres; cinco minutos já não é mau, pensam os homens. Viva o diálogo entre os sexos! Repare que se coloca o mesmo problema com o *fellatio*, que nunca dura o suficiente, na opinião dos homens...

Outras posições?

■ *Ver também* A cavalo, Sentados, Elevador, Colheres, *Fellatio*, Kama Sutra, Galga, Liana, Masturbação a dois, Missionário, Missionário invertido, Armadilha da serpente, Sessenta e nove.

língua ao longo dos grandes lábios, dos pequenos lábios, no clítoris…

Precauções

A boca dele e o seu sexo são duas mucosas: a pele aí é portanto particularmente fina e susceptível de sofrer lesões ou golpes minúsculos, por onde pode passar um vírus de um organismo para o outro.

A não ser que as análises tenham sido tranquilizadoras – no caso de ter sido respeitado o prazo de três meses entre uma relação sexual sem segurança e a análise da Sida – é, contudo, necessário ser muito prudente e pensar em proteger-se. Como? Um pedaço de látex, recortado de um preservativo, constitui um protector suficiente. Na falta de preservativo utilize película aderente alimentar – sim, sim, a mesma que serve para embalar o peixe!

Mais!

A maior parte dos homens que inicia um *cunnilingus*… pára cedo de mais. Sobretudo no caso de um preliminar, é necessário conceder ao desejo o

importante é sentir que o seu parceiro se descontrai progressivamente e se relaxa.

Com ele deitado de barriga para baixo, sente-se sobre as suas nádegas: está preparada para uma pequena massagem sensual e relaxante, que pode degenerar... Pequenas pressões, beliscões ligeiros ao longo da coluna vertebral, massagens mais profundas na base do pescoço, local onde se acumulam as tensões do dia...

Um óleo de massagem tornará as suas manipulações ainda mais eficazes e sensuais.

Outras zonas erógenas?

■ *Ver também* Axilas, Ânus, Boca, Cabelos, Pescoço, Interior das coxas, Umbigo, Orelhas, Períneo, Ponto G, Testículos, Mamilos.

Cunnilingus

Uma carícia que pode constituir um preliminar excelente: o homem deixa correr demoradamente a

homens relativamente à ideia de tomar um produto contraceptivo...Ainda hoje é convicção da maioria dos homens que se tomarem a pílula contraceptiva se arriscam a ficar impotentes ou estéreis. Isto é totalmente falso, mas as ideias disparatadas têm muitas vezes uma longa vida!

■ *Ver também* Dispositivo intra-uterino, Pílula, Pílula do dia seguinte.

Costas

É evidente que é na parte da frente do corpo que estão localizadas as zonas mais "interessantes" para o prazer: a boca, o sexo, os seios... mas isto não justifica menosprezar o outro lado!

Da nuca às nádegas, as costas constituem uma zona muito sensível às carícias de toda a espécie: com a palma da mão ou com as unhas, para baixo e para cima ao longo da coluna vertebral desenhando grandes curvas ou pequenos círculos. O

Interrompa a sua dieta

As provas são concludentes: mostre a um grupo de indivíduos do sexo masculino diferentes imagens de mulheres desde a anorética até à mais anafada. Todos demonstram um pendor para os corpos mais cheios... Isto não tem nada de estranho: para além dos efeitos de moda e das imagens da publicidade, os homens são naturalmente atraídos por tudo o que no corpo da mulher simboliza a fecundidade: seios roliços, ancas redondas...

Contracepção

A contracepção congrega todos os meios postos à disposição de homens e mulheres para evitar a gravidez.

As mulheres dispõem de um verdadeiro arsenal de contraceptivos, dos quais o mais conhecido e mais utilizado é evidentemente a pílula. No que se refere aos homens, a pesquisa médica avança mais lentamente devido a uma clara resistência dos

O lado delas

Tónicos

Meio copo de vinho tinto tornará as suas reacções mais intensas, mas evite as bebidas alcoólicas fortes! Eles desinibem – por vezes de mais –, mas também têm um efeito anestésico que a privará de uma parte das suas sensações. O que seria uma pena!

O alho, o pimento, o gengibre e a cebola têm um efeito tónico na circulação sanguínea. Mas atenção ao hálito! Tente mastigar um pouco de salsa (sim, experimente) antes de passar às coisas sérias!

A vitamina E é por vezes chamada "vitamina do sexo" – sem comentários! Encontramo-la nos espinafres, nos espargos, nos ovos, na fruta e no arroz integral.

Pesquisas mostraram que o fósforo age directamente sobre o desejo. Encontrará este precioso ingrediente nos queijos rijos, na levedura de cerveja, nas amêndoas, nas vieiras, nas sementes de girassol e no farelo de trigo.

Outras posições?

■ *Ver também* A cavalo, Sentados, Elevador, *Cunnilingus*, *Fellatio*, Kama Sutra, Galga, Liana, Masturbação a dois, Missionário, Missionário invertido, Armadilha da serpente, Sessenta e nove.

Comer

Comer melhor para fazer melhor amor... E porque não?!

Excitantes

Tome um café com dois pacotes de açúcar: o seu ritmo cardíaco acelera-se, dando-lhe uma chicotada que a fará aproveitar ainda mais intensamente os momentos deliciosos que se preparam!

O chocolate também contém cafeína e sobretudo feniletilamina, uma anfetamina natural a que se chama por vezes a "molécula do amor", conhecida por estimular o desejo.

Outros acessórios?

■ *Ver também* Bolas de geisha, Escova de dentes eléctrica, Godemiché, Molas de roupa, Espanador, Rolo da massa, Toalha quente, Vibrador.

Colheres

Imagine duas colheres pousadas uma na outra, perfeitamente sobrepostas: esta posição permite chegar à mesma perfeita imbricação – as colheres sois vós dois.

Trata-se de uma postura muito relaxante, na qual os dois parceiros estão deitados de lado; a penetração faz-se por trás – o que permite à verga vir excitar directamente o famoso ponto G...

Ao mesmo tempo, o seu parceiro pode aproveitar o facto de ter as mãos livres para acariciar delicadamente o seu clítoris com um dedo molhado. E se ele não se lembrar disso, guie a sua inspiração: a mistura penetração/carícias no clítoris/ponto G é espantosa!

de novo a sua função, e enquanto for estimulado são muito possíveis orgasmos múltiplos. Tal como aquela americana que teve uma série de...134 orgasmos no decurso de uma experiência!

Não é por acaso que para a maioria das mulheres – provam-no os inquéritos dos sexólogos – as pequenas carícias em redor do clítoris com os dedos ou com a língua constituem o caminho mais adequado para alcançar o sétimo céu...enquanto os homens em geral se concentram na penetração vaginal.

Cock-ring

O *cock-ring*, designação inglesa de "anel para a verga", é um anel de metal, de borracha ou de couro que se coloca na base da verga ou dos testículos. Ele serve para manter a erecção durante mais tempo, impedindo o sangue de refluir. Existem de vários tamanhos, pregueado ou não, com ou sem botões de compressão, etc.

Como a evitar?

Usando um preservativo.

Outras DST
(doenças sexualmente transmissíveis)?

■ *Ver também* Blenorragia, Clamídia, Hepatite B, Herpes, Piolhos genitais, Verrugas genitais, Sida, Sífilis.

Clítoris

O clítoris é muito pequeno, mas é essencial: trata-se sem dúvida da zona mais sensível do corpo da mulher. Na realidade, não é assim tão pequeno: a parte visível prolonga-se ao longo da parede anterior da vagina pelo clítoris interno.

Quando é estimulado enrijece, incha e torna-se muito sensível: comporta-se exactamente como um minúsculo pénis, que tem por única função dar prazer! Ainda melhor: este pénis não necessita de "tempo de recuperação" para desempenhar

de adquire muito rapidamente alguma resistência e "enrijece" um pouco pelo simples contacto com o tecido da roupa interior.

Mas quer haja ou não circuncisão, a glande mantém-se como uma zona muito rica em terminações nervosas e portanto muito sensível a estímulos de toda a espécie!

Clamídia

Esta afecção traduz-se em pequenas picadas no momento de urinar. Cuidado para não a confundir com a blenorragia: arriscar-se-ia a tomar medicamentos inadequados. Um tratamento com antibióticos aos dois parceiros durante uma semana é suficiente para fazer desaparecer qualquer vestígio desta doença, muitas vezes discreta mas que se pode tornar aborrecida se não for tratada: para os homens, risco de infecção da próstata ou dos testículos e, em casos extremamente raros, felizmente, esterilidade.

desérticas, onde a água era naturalmente rara, não sendo sempre fácil respeitar as regras elementares de higiene. Suprimir o prepúcio permite evitar que se alojem infecções e inflamações nas pregas da pele que cobre a mucosa da glande, que é especialmente frágil.

Hoje em dia, estas recomendações higiénicas não têm já a mesma importância, mas a circuncisão continua a praticar-se por razões puramente culturais: assinala a adesão à comunidade judaica ou muçulmana.

É curioso saber-se que há já alguns anos muitos americanos adultos se fazem circuncidar. Tanto por influência da moda, como por medo das doenças – embora a higiene normal seja mais do que suficiente para evitar qualquer aborrecimento.

Mais ou menos sensível?

Dado que a glande é uma zona muito rica em terminações nervosas, pode perguntar-se se o facto de a privar de uma prega de pele protectora não a torna ainda mais sensível. De facto, a pele da glan-

Circuncisão

Estranho...Há qualquer coisa de diferente, o sexo do seu novo parceiro...é mais...enfim... menos... Menos coberto? Mais escuro? Normalmente existe um pouco mais de pele...Não investigue mais: provavelmente o seu novo parceiro foi simplesmente circuncidado!

O que é isso?

A circuncisão é uma pequena operação que consiste em cortar o prepúcio, a pele que cobre a glande. Pode ser praticada muito cedo, na primeira infância, por razões médicas mas sobretudo religiosas ou higiénicas. De facto, a circuncisão é para muçulmanos e judeus um pouco equivalente ao baptismo dos cristãos; marca a adesão do rapazinho à religião da sua família.

Porquê?

No início, tratava-se sem dúvida de uma questão de higiene: os povos que praticam a circuncisão viviam nos primórdios da sua história em regiões

Cabelos

Como é agradável a massagem do couro cabeludo! Já reparou nisso? No cabeleireiro, a maior parte das pessoas abandona-se, com a cabeça para trás sobre o lavatório, os olhos fechados durante esta pequena massagem...

Faça deslizar os dedos ao longo dos cabelos do seu parceiro: é tão agradável para ele como para si! Passe várias vezes suavemente os dedos dobrados no couro cabeludo dele, como se o quisesse arranhar – muito ao de leve, claro. Verá que, em menos que nada, todas as tensões do dia desaparecem, o seu parceiro fica relaxado, calmo, pronto a esquecer tudo nos seus braços!

Outras zonas erógenas?

■ *Ver também* Axilas, Ânus, Boca, Pescoço, Costas, Interior das coxas, Umbigo, Orelhas, Períneo, Ponto G, Testículos, Mamilos.

C de

Cabelos ▪ Circuncisão ▪
Clamídia ▪ Clítoris ▪ *Cock-ring* ▪
Colheres ▪ Comer ▪
Contracepção ▪ Costas ▪
Cunnilingus

O lado delas

Se a situação for clara, se estiverem os dois de acordo, então força: prendam-se, amarrem-se, desamarrem-se pouco a pouco... Mas não apertem demasiado as cordas: cautela com as cãibras e outras anciloses, o sangue precisa de circular.

Um pouco mais

Dê mais um passo, vendando os olhos ao seu parceiro... ou pedindo-lhe para ele lhe vendar os olhos a si. O facto de não ver o que se passa e a privação de um meio de controlo essencial da realidade aguça tremendamente os outros sentidos: torna-a ainda mais receptiva aos sons, aos odores, às carícias...

Outras fantasias?

■ *Ver também* A vários, Exibicionismo, Fetichismo, Lingerie, Sadomasoquismo, Sodomia, Voyeurismo.

Bondage

Esta palavra deve pronunciar-se à inglesa e quer dizer *grosso modo* "escravatura", "dominação".

Mas o termo "bondage" ganhou um sentido muito particular no domínio das práticas sexuais: consiste em amarrar o (ou ser amarrado pelo) parceiro antes de fazer amor com ele.

Um dos dois fica durante algum tempo numa posição que o coloca à mercê do outro: instala-se assim uma relação de dominador-dominado. É portanto necessário que ambos os parceiros tenham absoluta confiança um no outro.

Precauções

Antes da experiência, coloquem algumas questões sobre as vossas motivações reais. Trata-se de um simples jogo? Apenas para experimentar? Ou esconde-se alguma coisa por trás desse desejo de ficar reduzido – ou de reduzir o outro – a um sujeito passivo?

quedo maroto que certas mulheres, aparentemente, usam mesmo em público: elas sentem o prazer, escondido de todos – mesmo no meio de uma reunião de trabalho ou enquanto fazem compras –, de uma carícia contínua e secreta da sua vagina...

Uma variante das bolas de geisha, muitas vezes chamada "pérolas orientais", consiste em inserir muito suavemente no ânus previamente lubrificado da sua parceira, algumas pérolas – com um diâmetro razoável – de um "colar" especialmente concebido para o efeito. Em seguida, retiram-se as pérolas uma a uma, à medida que a excitação cresce. Extrair as últimas de um só golpe diz-se que provoca um verdadeiro fogo de artifício! Se quiser realmente tentar, tenha atenção em só usar material sólido!

Outros acessórios?

■ *Ver também* Escova de dentes eléctrica, *Cock ring*, Godemiché, Molas de roupa, Espanador, Rolo da massa, Toalha quente, Vibrador.

Bolas

Outra designação para o escroto, o pequeno saco de pele que abriga os testículos, na base do pénis.

Ajude-o a descobrir uma zona erógena de que ele nem adivinhava a existência, acariciando-lhe docemente o rafe, a linha que divide o escroto em duas partes. Sensações inéditas que prometem fazê-lo alcançar o sétimo céu até antes do previsto...

Bolas de geisha

Um acessório exótico que deveria ser mais conhecido. Trata-se, como o nome indica, de uma invenção japonesa – datada do século XVI – e que consiste numa fila de bolas de diferentes diâmetros enfiadas num fio, tal como as pérolas de um colar. As prostitutas jovens introduziam-nas na sua vagina para a muscular através de séries de contracções.

As bolas de geisha permitem de facto muscular a vagina, mas também e sobretudo um pequeno brin-

O lado delas

**Outras DST
(doenças sexualmente transmissíveis)**

■ *Ver também* Clamídia, Hepatite B, Herpes, Piolhos genitais, Verrugas genitais, Sida, Sífilis.

Boca

Pois sim, a boca! É mesmo a zona erógena número um, dado que os lábios e toda a cavidade bucal estão cobertos de uma rede nervosa extremamente sensível. Daí seguramente o prazer que todos temos em nos beijarmos gulosamente. Mas não existem apenas razões puramente fisiológicas para a importância sensual e erótica da boca. Ela é também o primeiro meio que o recém-nascido tem de conhecer o mundo: desde logo o seio da mãe, depois os diferentes alimentos, e por fim... os beijos.

Outras zonas erógenas?

■ *Ver também* Axilas, Ânus, Cabelos, Pescoço, Costas, Interior das coxas, Umbigo, Orelhas, Períneo, Ponto G, Testículos, Mamilos.

Estes sintomas pouco agradáveis, que aparecem entre três e cinco dias depois da infecção, têm ao menos a vantagem de identificar claramente esta doença... pelo menos para os homens, dado que a experiência mostra que a blenorragia não é notada a maior parte das vezes pelas mulheres.

Esta afecção é fácil de tratar com antibióticos. Claro que é preciso seguir o tratamento a dois, mesmo que um dos parceiros ainda não apresente nenhum sinal exterior da doença.

A saber

Espermatorreia e gonorreia. Não, não são duas heroínas da mitologia grega, mas sim outros dois nomes por que é conhecida a blenorragia. Se o seu médico lhe anunciar após um exame que apresenta todos os sintomas de uma espermatorreia ou de uma gonorreia, não entre em pânico (mas também não há razão para embandeirar em arco!): trata-se de um vulgar esquentamento.

Bissexualidade

A bissexualidade, para um homem, consiste em ter tanto prazer em fazer amor com outro homem como com uma mulher.

Assumir diferentes tipos de pulsões sexuais é uma forma de variar os prazeres, mas pode complicar bastante a vida afectiva…

Blenorragia

A blenorragia é uma DST (doença sexualmente transmitida) que se pode apanhar por via sexual, e nos casos de relação bucogenital (*fellatio* ou *cunnilingus*) ou anal (sodomia), com um parceiro infectado.

A blenorragia é mais conhecida pelo nome significativo de "esquentamento": manifesta-se pelo corrimento, através das vias urinárias, de um líquido purulento e espesso, por vezes de cor amarelada ou esverdeada, que causa uma queimadura aguda quando passa pela uretra.

B de

Bissexualidade ▪ Blenorragia ▪ Boca ▪ Bolas ▪ Bolas de geisha ▪ *Bondage*

O lado delas

É preciso dizer que a maioria das mulheres dos países do Norte da Europa são loiras: sobre uma pele loira uma penugem passa praticamente despercebida; o que não se verifica com as morenas.

No Ocidente, uma velha tradição cultural associa o pêlo à virilidade e também a uma espécie de animalidade. Quanto mais pêlos se tiver mais próximo se está do macaco, quanto mais imberbe se for, mais próximo se está de um ideal de beleza "civilizado"... Repare na publicidade da roupa interior ou dos perfumes para homens: nem um pêlo!

De facto, fica-se com a sensação que sem pêlo a nudez torna-se aceitável. Nos cabarets, os strip-teasers masculinos são todos completamente imberbes... e o mesmo se verifica nos museus: na grande maioria dos quadros e das esculturas nenhum pêlo púbico tem o direito de existir!

Outras zonas erógenas?

■ *Ver também* Ânus, Boca, Cabelos, Pescoço, Costas, Interior das coxas, Umbigo, Orelhas, Períneo, Ponto G, Mamilos.

E é exactamente igual com os humanos, se substituirmos os prados cheios de flores por uma discoteca: quando nos saracoteamos na pista de dança, transpiramos, libertando feromonas que espalham pelo ar sobreaquecido fortes apelos eróticos – se não houver nas imediações uma água-de-colónia demasiado forte que as abafe.

As feromonas apenas cumprem a sua missão a uma distância muito curta, da ordem de algumas dezenas de centímetros e para agir necessitam de algumas dezenas de minutos, até mesmo de algumas horas.

Depilar-se ou não?

A maioria dos homens prefere as axilas lisas, tipo foto de revista, mas evidentemente que tem o direito de querer resistir e manter o natural.

Parece que as alemãs fazem isso: há muito tempo que grande parte delas não depilam nem as pernas nem as axilas e as relações homem/mulher na Alemanha estão muito bem, obrigado!

O lado delas

Ao sair do duche, vale mais não pôr desodorizante: estes produtos não sabem nada bem – não foram feitos para isso – e deixam na língua um gosto áspero ou amargo bastante desagradável.

Deve ser receptiva ao aroma suave que segrega o corpo neste local. Se axilas malcheirosas são um verdadeiro inibidor do amor, o perfume ligeiro de uma transpiração recente pode ser um afrodisíaco poderoso...

Imparável

Uma série de pequenos beijos, juntos e ligeiros, na cavidade das axilas: uma mistura de carinho e de arrepios no limite das cócegas, um preliminar irresistível. A experimentar!

A saber

O odor ligeiro das axilas contém feromonas, hormonas que se difundem pelo ar e são fortes apelos sexuais – mesmo que não sejam percebidos conscientemente. Os casais de borboletas formam-se graças às feromonas que emitem. Poético, não é?

a única forma de se divertir com o espírito tranquilo.

A saber

Para conselhos sobre protecção em função das diversas práticas sexuais, pode tentar obter informações através dos telefones 800 222 002 (*Sexualidade em Linha*) ou 808 206 206 (*SOS Dificuldades Sexuais*).

■ *Ver também* Troca de casais, Triolismo.

Outras fantasias?

■ *Ver também* Bondage, Exibicionismo, Fetichismo, Lingerie, Sadomasoquismo, Sodomia, Voyeurismo.

Axilas

Trata-se de uma parte do corpo onde a pele é particularmente fina e suave, muito sensível às cócegas, às carícias e a pequenas lambidelas: uma zona a descobrir quanto antes!

mesmo comprimento de onda da sua companheira. E se achar que ela vai longe demais, se não estiver de acordo, chame-a à razão. Mais vale que ela se queixe de que lhe "estragou a festa" do que passar a ficar pouco à vontade com ela e com os vossos amigos dessa noite, sempre que se lembrar do que aconteceu.

Inversamente, se for você a avançar e não ela, observe as suas reacções e saiba parar a tempo. Ele é talvez mais romântico, mais ciumento, mais exclusivista do que pensava!

Precauções

Se decidir avançar com este pequeno divertimento, tome o máximo de precauções.

Para si é a primeira experiência, mas é possível que esteja a lidar com pessoas habituadas a troca de parceiros ou a orgias. Mesmo que se sinta confiante, mesmo que a presença do seu parceiro a tranquilize, recorde, contudo, que se trata de uma primeira experiência. Portanto, na ementa devem estar, como sempre: preservativos e prudência. É

tiva muito excitante, próxima do exibicionismo e do voyeurismo. Mas atenção, é um terreno escorregadio! Assegurem-se um e outro que o desejam realmente, se não será melhor que esta ideia permaneça apenas uma fantasia.

Duas possibilidades

Podem passar ao acto em duas circunstâncias diferentes: decidindo ir juntos a um clube de troca de parceiros, ou desinibindo-se, ao cabo de uma noite bem regada, em casa de amigos, com pessoas que conhecem há anos... ou não.

O primeiro caso é o mais fácil. Em todas as grandes cidades (e nalgumas médias) se podem encontrar clubes de troca de parceiros mais ou menos discretos e sérios; fiem-se no vosso instinto e no aspecto exterior do estabelecimento. Mas antes de entrar, perguntem-se se o momento mais erótico da história não será mesmo quando se preparam para ir pela primeira vez a um clube...

O caso da festa que "degenera" é mais difícil de gerir. O mais importante é manter-se sempre no

frente para ele. De seguida, deixem-se os dois cair para trás, apoiando-se sobre os cotovelos ou sobre as mãos. Podem também deitar-se de costas, se preferirem. O seu parceiro vai e vem lentamente dentro de si, por baixo. Esta posição tem a vantagem preciosa de retardar a ejaculação.

Outras posições?

■ *Ver também A* cavalo, Sentados, Elevador, Colheres, *Fellatio*, Kama Sutra, Liana, Masturbação, Missionário, Missionário invertido, Sessenta e nove.

A vários

Fazer amor a três, ou a mais, é seguramente a fantasia mais comum tanto para os homens como para as mulheres.

Ver o outro a fazer amor com um parceiro diferente, sentir-se observado enquanto faz amor com uma pessoa que não conhece ou mal conhece, com quem em qualquer caso apenas tem uma relação física: isto pode realmente constituir uma perspec-

Explicação

Porquê esta diferença? Simplesmente porque o homem tem muito mais necessidade de imagens do que a mulher. É certamente essa a razão do sucesso dos filmes pornográficos e das revistas eróticas, cuja clientela é essencialmente masculina. Mas atenção: *essencialmente* não é o mesmo que *exclusivamente*! Um homem tem necessidade de ver para se excitar; uma mulher prefere em geral activar na penumbra as suas numerosas antenas sensoriais e fazer funcionar o imaginário a cem por cento.

Evidentemente isto são apenas generalidades e conhecemos casos de excepção a estas regras. Tudo é uma questão de dosagem: entre a obscuridade total e uma iluminação feérica, entre o que se vê e o que se advinha...

Armadilha da serpente

Um excelente meio de começar uma longa noite de amor... Sente-se sobre o seu companheiro, de

O lado delas

As mulheres são muitas vezes avessas à sodomia mas estranhamente concebem de boa vontade praticá-la no corpo do companheiro... graças à ajuda preciosa de um godemiché. Proponha-lhe um dia este género de jogo e logo verá a reacção dele. Vai ser certamente troca por troca, mas porque não?

Outras zonas erógenas?

■ *Ver também* Axilas, Boca, Cabelos, Pescoço, Costas, Interior das coxas, Umbigo, Orelhas, Períneo, Ponto G, Mamilos.

"Apagas a luz, querido?"

Em plena claridade ou a meia-luz? Eis um ponto de desacordo frequente entre os homens e as mulheres.

Pergunte às amigas: a maior parte dos homens prefere fazer amor às claras, enquanto que dois terços das mulheres pendem para as luzes muito reduzidas ou para a obscuridade. Dois comportamentos aparentemente difíceis de conciliar: há que negociar duro, transigir, conceder...

A

Na próxima vez, tente introduzir um dedo no ânus do seu companheiro, mantendo-se muito atenta às suas reacções. Claro que é indispensável que estejam os dois perfeitamente limpos....e que tenha as unhas cortadas bem curtas, para evitar arranhar esta zona onde a pele é especialmente fina. Se ele afastar a sua mão, paciência, há que experimentar noutra altura; mas se ele parecer apreciar, tanto melhor: acaba de lhe fazer descobrir uma nova zona de prazer e ele não deixará certamente de lhe retribuir a gentileza!

E também

Atreva-se a substituir as carícias com as pontas dos dedos por pequenas lambidelas, muito mais excitantes: prazeres inéditos assegurados!

Mais longe

Os tabus que rodeiam o ânus não a deverão impedir de tentar ir mais longe na exploração desta zona especial do corpo! Ir mais longe é a sodomia, evidentemente (ver esta palavra).

preferidos, um vibrador ou um *cock ring*, por exemplo. Mas atenção, só no momento certo: o efeito surpresa pode ser desastroso com este tipo de objectos.

Ânus

É difícil de imaginar, mas o ânus é uma das partes do corpo que contêm maior número de terminais nervosos erógenos... Uma zona a não ignorar, apesar de todos os tabus que a rodeiam.

Porque não?

Atreva-se! Uma noite que sinta que o seu parceiro está particularmente descontraído e receptivo, acaricie ligeiramente as suas coxas e aproxime-se suavemente do seu ânus com pequenas carícias circulares. Se ele não disser nada, aproxime-se mais ainda e acaricie-o suavemente com pequenas carícias circulares e sentirá certamente em breve o esfíncter – músculo anelar que fecha o ânus quando se contrai – a relaxar-se.

A

Ambiente (dos seus encontros)

Não é grande fã das "rapidinhas" furtivas entre duas portas ou na traseira de um carro, preferindo dar tempo ao tempo e fazer amor num ambiente mais confortável: é muito compreensível!

A sexualidade das mulheres é muitas vezes – quase sempre, mesmo – mais secreta, mais progressiva do que a dos homens. Assim, pense em arranjar um ninho de amor confortável... e prático, para pensar no prazer dos dois.

Pense em tudo... para não pensar em mais nada

Organize o seu quarto para não ter de se levantar a toda a hora à procura de um lubrificante ou de um novo preservativo... Não há nada pior para estragar o ambiente! A solução: uma caixa perto ou debaixo da cama com preservativos, um pouco de gel não gorduroso (que não estrague o látex dos preservativos e não manche os lençóis), uma caixa de lenços de papel. Se for um pouco mais atrevida que a média, inclua também os seus acessórios

suspenda simplesmente os seus movimentos, o que faz baixar a tensão... e permite retomar a situação anterior após uma pequena pausa.

Nota

No caso de o seu parceiro não estar inicialmente com as belas inclinações de que lhe falámos no início deste capítulo, nada a impede de o levar até lá.

Bastará para isso um pouco de imaginação; o entusiasmo é contagioso! Ele está a fazer a sesta? Está a descansar? Ocupe-se dele: alguns carinhos, algumas carícias e ei-lo pronto, sem ter mudado de posição, para uma pequena cavalgada muito agradável. Então a sesta é aborrecida?

Outras posições?

■ *Ver também* Elevador, Sentados, Colheres, *Cunnilingus*, *Fellatio*, Kama Sutra, Galga, Liana, Masturbação a dois, Missionário, Missionário invertido, Armadilha da serpente, Sessenta e nove.

calcanhares, iniciará uma penetração lenta e sem sobressaltos...

Só vantagens!

Esta posição tem inúmeras vantagens para os dois parceiros. Para o homem é mais repousante: na verdade é a si que compete fazer tudo. Para si, eis uma excelente ocasião para "ficar por cima" e sobretudo para propor ao seu parceiro os seus ritmos, se ele manifesta alguma tendência – como parece que acontece com a maioria dos homens – de seguir a sua inspiração.

Muitas mulheres, sobretudo nos primeiros tempos de uma relação, hesitam em dizer: "Pára, estás-me a magoar" ou "Mais devagar". Têm medo de desiludir o seu parceiro para quem tudo parece estar a passar-se a contento... Então não dizem nada, tentam pensar noutra coisa, a dor esfuma-se e o prazer acaba por se impor. Mas mais vale evitar este género de situação. A posição a cavalo permite à mulher determinar o ritmo e a profundidade da penetração. E logo que o sentir quase a ejacular,

Coisa essencial: a higiene. Estes pequenos instrumentos devem ser cuidadosamente limpos antes e depois de usar; é um pouco como a toilette íntima dos brinquedos! Se usar godemichés ou vibradores em jogos sexuais com vários parceiros, nunca deixe de mudar o preservativo para cada nova penetração ou em cada mudança de parceiro.

■ *Ver também* Bolas de geisha, Escova de dentes eléctrica, *Cock ring*, Godemiché, Molas de roupa, Espanador, Rolo da massa, Toalha quente, Vibrador.

A cavalo

Ele está deitado de costas, com os braços cruzados debaixo da nuca… Está a dormir a sesta? Não propriamente: o sexo erecto comprova bem que ele pensa noutra coisa! E se for seu o comando das operações? Ajoelhe-se montada sobre ele, com uma perna de cada lado do seu corpo e baixe lentamente a bacia até tocar o sexo dele. Baixe-se mais um pouco, como se quisesses sentar-se nos

Daí a ser preferível ter uma sexualidade desenfreada vai uma grande distância... Um mínimo de exercício confere aos músculos maior flexibilidade e tonicidade: as mulheres que conservam activa a sua sexualidade, mesmo sem parceiro, podem fruir mais facilmente do prazer.

Acessórios

Instalou-se uma certa rotina e as noites carecem de picante e de sabor: eis o momento apropriado para recorrer a alguns pequenos acessórios para dinamizar as vossas relações.

Trata-se de uma etapa a percorrer a dois, de fazer algumas pequenas compras em conjunto, porque não numa sex-shop, onde vos mostrarão tudo o que podem experimentar – e neste domínio não falta imaginação!

As precauções a ter

Aprendam a manipular bem estes novos parceiros sexuais, familiarizem-se com eles para descobrir a amplitude de possibilidades que podem oferecer.

Edições 70

Rua Luciano Cordeiro, 123 - 2º Esq. – 1069-157 LISBOA
Telef. 21 319 02 40 – Fax 21 319 02 49
E-mail: edi.70@mail.telepac.pt
www.edicoes.70.pt

Título: ABC DO SEXO

Autor: ANTOINE TAYLOR

Código: 077-004   Preço

Colecção: TALISMÃS

Nº da Factura

Data de Fornecimento ____/____/____

Edições 70

Rua Luciano Cordeiro, 123 - 2º Esq. – 1069-157 LISBOA
Telef. 21 319 02 40 – Fax 21 319 02 49
E-mail: edi.70@mail.telepac.pt
www.edicoes.70.pt

Aborto

É a interrupção voluntária de uma gravidez não desejada.

Em vez de aborto, cada vez se usa mais a sigla mais neutra IVG, que significa Interrupção Voluntária da Gravidez.

■ *Ver* IVG.

Abstinência

Ai, Ai...

Sabia que a abstinência sexual pode provocar nas mulheres a chamada 'atrofia vaginal'?

Esta manifesta-se através da ausência de lubrificação e da contracção da vagina, o que torna as relações sexuais dolorosas, ou mesmo impossíveis... Esta parte do corpo reage um pouco como uma máquina com pouco uso: pouco a pouco a engrenagem emperra e o seu arranque é mais lento, podendo mesmo verificar-se uma disfunção total.

A de

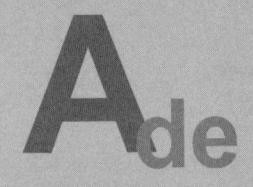

- Aborto
- Abstinência
- Acessórios
- A cavalo
- Ambiente (dos seus encontros)
- Ânus
- "Apagas a luz, querido?"
- Armadilha da serpente
- A vários
- Axilas

Sexo seguro
SIDA
Sífilis
SM
Sodomia

T

Testículos
Toalha quente
Triolismo
Troca de casais
Turismo sexual

U

Umbigo

V

Vagina
Vagina dentata
Vaginal ou clitoridiana?

Verga
Vibrador
Violação
Virgindade (perder a)
Voyeurismo
Vulva

ÓRGÃOS GENITAIS DO HOMEM
ORGASMO
ORGASMO (AUSÊNCIA DE)

P

PALAVRÕES
PAPILOMAS (VERRUGAS GENITAIS)
PEDOFILIA
PERÍNEO
PESCOÇO
PINGADEIRA
PIOLHOS GENITAIS (CHATOS)
PONTO G
POSIÇÕES
PRELIMINARES
PREPÚCIO
PRESERVATIVO
PRIMEIRA VEZ

Q

QUANDO?
QUANTO TEMPO?

R

REGRAS (MENSTRUAÇÃO)
ROLO DA MASSA
RUÍDOS ESTRANHOS

S

SADISMO
SADOMASOQUISMO
SAFISMO
SAIR DO ARMÁRIO
SEIOS
SECURA VAGINAL
SEMINAL (LÍQUIDO)
"SEM TIRAR"
SENTADOS
SESSENTA E NOVE

I

Idade (das primeiras relações sexuais)
Implante contraceptivo
Impotência
Incesto
Inibição do desejo sexual
Interior das coxas
IVG

K

Kama Sutra

L

Lábios
Lesbianismo
Liana
Libido
Lingerie

M

Mamilos
Masoquismo
Masturbação
Masturbação a dois
Missionário
Missionário invertido
Molas de roupa

N

"Não, querido, esta noite não!"
Ninfomania

O

Odor vaginal
Onanismo
Onde?
Orelhas
Órgãos genitais da mulher

E

Ejaculação
Ejaculação precoce
Elevador
Erecção
Erógenas (zonas)
Escova de dentes eléctrica
Escroto
Espanador
Esperma
Esquentamento
Estérilet
Excisão
Exibicionismo

F

Fazer de conta
Fantasias
Fellatio
Feromonas
Fetichismo
Filmes pornográficos
Freio
Frequência das relações sexuais
Frigidez

G

Galga
Gay
Gay pride
Glande
Godemiché
Grávida (com uma mulher)?

H

Hepatite B
Herpes
Heterossexualidade
Hímen
Homossexualidade

A

Aborto
Abstinência
Acessórios
A cavalo
Ambiente
  (dos seus encontros)
Ânus
"Apagas a luz, querido?"
Armadilha da serpente
A vários
Axilas

B

Bissexualidade
Blenorragia
Boca
Bolas
Bolas de geisha
Bolsas
Bondage

C

Cabelos
Circuncisão
Clamídia
Clítoris
Cock ring
Colheres
Comer
Contracepção
Costas
Cunnilingus

D

Dar à luz
  clandestinamente
Doenças sexualmente
  transmissíveis
DST

ÍNDICE

ANTOINE TAYLOR

ABC DO SEXO

O LADO DELAS

edições 70

Título original:
Maxi Sexe

© Marabout, 2002

Tradução: Pedro Miranda / Verbis Iberia

Revisão da Tradução: Marcelina Amaral

Capa de José Manuel Reis

Depósito Legal nº 228060/05

ISBN: 972-44-1253-9

Impressão, paginação e acabamento:
Papelmunde
para
EDIÇÕES 70, LDA.
Junho de 2005

Direitos reservados para língua portuguesa
por Edições 70

EDIÇÕES 70, Lda.
Rua Luciano Cordeiro, 123 – 2º Esqº - 1069-157 Lisboa / Portugal
Telefs.: 213190240 – Fax: 213190249
e-mail: edi.70@mail.telepac.pt

www.edicoes70.pt

Esta obra está protegida pela lei. Não pode ser reproduzida,
no todo ou em parte, qualquer que seja o modo utilizado,
incluindo fotocópia e xerocópia, sem prévia autorização do Editor.
Qualquer transgressão à lei dos Direitos de Autor será passível
de procedimento judicial.

ABC DO
SEXO

O LADO DELAS